JN085579

会社別就活ハンドブックシリーズ

2025

三井住友銀行の就活ハンドブック

就職活動研究会 編
JOB HUNTING BOOK

はじめに

　2021年春の採用から，1953年以来続いてきた，経団連（日本経済団体連合会）の加盟企業を中心にした「就活に関するさまざまな規定事項」の規定が，事実上廃止されました。それまで卒業・修了年度に入る直前の3月以降になり，面接などの選考は6月であったものが，学生と企業の双方が活動を本格化させる時期が大幅にはやまることになりました。この動きは2022年春そして2023年春へと続いております。

　また新型コロナウイルス感染者の増加を受け，新卒採用の活動に対してオンラインによる説明会や選考を導入した企業が急速に増加しました。採用環境が大きく変化したことにより，どのような場面でも対応できる柔軟性，また非接触による仕事の増加により，傾聴力というものが新たに求められるようになりました。

　『会社別就職ハンドブックシリーズ』は，いわゆる「就活生向け人気企業ランキング」を中心に，当社が独自にセレクトした上場している一流・優良企業の就活対策本です。面接で聞かれた質問にはじまり，業界の最新情報，さらには上場企業の株主向け公開情報である有価証券報告書の分析など，企業の多角的な判断・研究材料をふんだんに盛り込みました。加えて，地方の優良といわれている企業もラインナップしています。

　思い込みや憧れだけをもってやみくもに受けるのではなく，必要な情報を収集し，冷静に対象企業を分析し，エントリーシート作成やそれに続く面接試験に臨んでいただければと思います。本書が，その一助となれば幸いです。

　この本を手に取られた方が，志望企業の内定を得て，輝かしい社会人生活のスタートを切っていただけるよう，心より祈念いたします。

就職活動研究会

Contents

第1章 三井住友銀行の会社概況　　　**3**

採用メッセージ ……………………………………………… 4

会社データ …………………………………………………… 5

仕事内容 ……………………………………………………… 6

先輩社員の声 ………………………………………………… 10

募集要項 ……………………………………………………… 11

採用の流れ …………………………………………………… 17

2023年の重要ニュース ……………………………………… 18

2022年の重要ニュース ……………………………………… 20

2021年の重要ニュース ……………………………………… 22

就活生情報 …………………………………………………… 24

有価証券報告書の読み方 …………………………………… 34

有価証券報告書 ……………………………………………… 38

第2章 金融業界の"今"を知ろう　　　**137**

金融業界の動向 ……………………………………………… 138

ニュースで見る金融業界 …………………………………… 144

金融業界の口コミ …………………………………………… 150

金融業界　国内企業リスト ………………………………… 156

第3章 就職活動のはじめかた　　　**161**

第**1**章

三井住友銀行の会社概況

会社によって選考方法は千差万別。面接で問われる内容や採用スケジュールもバラバラだ。採用試験ひとつとってみても，その会社の社風が表れていると言っていいだろう。ここでは募集要項や面接内容について過去の事例を収録している。

また，志望する会社を数字の面からも多角的に研究することを心がけたい。

✔ 採用メッセージ

　2023年にSMBCグループは社員の思いと経営戦略双方の実現に向け、「人財ポリシー」を制定しました。会社と社員が選び選ばれる関係であり続ける為に、会社が社員に求めるものとして、「プロフェッショナル」「チームワーク」「挑戦」を掲げ、会社から社員に提供する価値として、「自分らしさの表現」「お客さま・社会への貢献」「キャリア形成と自身の成長」をコミットし、社員が自身の夢を実現できる舞台を提供します。

挑戦者よ、世界を揺らせ

　全社的な人財ポリシーを踏まえ、掲げたSMBCの採用スローガンは「挑戦者よ、世界を揺らせ」。

　これまでの歴史の中でも、SMBCは常に「挑戦者」であり「先進性」を追求してきました。当行には、時代のイノベーターであり続ける為に「失敗を歓迎する文化」があります。失敗を恐れて挑戦しないよりも、たとえ失敗したとしても挑戦した人が賞賛される、SMBCはそんな会社です。

　現状に安住する、前例踏襲で仕事を進める、その方が簡単だしストレスも少ないでしょう。でも、技術革新や業務環境の変化が激しい現代では、変革意識が少しでも欠けると時代に取り残されてしまいます。社員一人ひとりの変革行動がお客さまを変え、社会を変え、より良い未来を作ります。銀行はそれだけ影響力の大きい業務で、あなたのその一歩が社会的価値を創出し、世界を変えることが出来ます。

　SMBCには強固な顧客基盤・多様なキャリア・プロフェッショナルな人財に代表される強固なアセットがあります。是非SMBCというフィールドを活用し、「世界を揺らす」挑戦をしてください。

　皆さんの個性や自由な発想はSMBCにとって財産です。若い情熱と熱い挑戦をお待ちしています。

✔ 会社データ

取締役会長	髙島　誠
頭取 CEO (代表取締役)	福留　朗裕
設立	1996年6月6日
資本金 ※	17,709億円
株主	株式会社三井住友フィナンシャルグループ 100%
本店	東京都千代田区丸の内一丁目1番2号 (郵便番号100-0005)
従業員数 ※	27,945人
拠点数 ※	国内本支店数：455ヵ所 (出張所・代理店・インターネット支店等を除く、公務部等を含む) 海外支店：19ヵ所 (出張所、駐在員事務所を除く)
業容 (単体) ※	総資産　2,521,411億円 預金　　1,518,846億円 貸出金　972,457億円
連結自己資本比率 ※	15.48% (国際統一基準) [速報値]

※2023年9月30日現在

✔ 仕事内容

法人営業

海外進出ニーズや、IPO・M&A 等の多様なニーズを持つ法人・公益法人等の
お客さまや外資系グローバル企業などを主に担当し、お客さまの経営課題を解
決するためのさまざまな金融ソリューションを企画提案して実行に移していき
ます。資金調達はもとより、アライアンス先の紹介、さらには企業の再生・再
編サポートなど、お客さまの成長に真に寄与するソリューションを、前例にと
らわれずに果敢に提供していくことが我々の使命。社内外の専門家と協業しな
がら、お客さまを含めて関係者すべての中心となって全体を把握し、案件をリー
ドしていきます。多くのお客さまの成長をサポートし、それを通して日本経済
の発展に貢献していく、そんなダイナミズムにあふれた仕事です。

アナリスト

マクロ経済から個別企業の動向までさまざまな調査・分析を行い、金融ビジネ
スに有益な知見を見出していくことがアナリストの仕事です。業界ごとに産業
構造や市場動向を俯瞰して将来を予測する「業界調査」や、個別企業の強みや
課題を把握して経営状況を見極める「信用調査」はもとより、三井住友銀行の
アナリストはこうした業界・信用調査を通じて得た知見をもとに、法人のお客
さまに向けて、経営課題の解決や企業価値の向上につながる策を提言していく
ところまで関わっていきます。自らの調査・分析によって導き出されたアイデ
アが社会の中で活かされ、新たな価値を生み出していく手応えを存分に味わえ
ることが、SMBC のアナリストの大きなやりがいです。

アドバイザリー

法人のお客さまに向けて、さまざまな経営課題解決のためのコンサルティング
や具体的な戦略の立案・実行を担います。顧客の新規事業創出などの成長戦略
の立案や、海外への事業展開を図る際の市場調査や資金調達などのサポート、
そして業界再編による競争力強化なども見据えた M&A（企業の合併・買収）
の提案実行など、それぞれ専門領域を究めたチームが、お客さまとの窓口とな
る法人営業担当者と連携しながら高度なアドバイザリー業務を展開していま
す。日本を代表するような大企業の経営に深く入り込み、強力なパートナーシッ
プを築いて、お客さまがグローバルで勝ち抜いていくための力になっていくこ
とが、この仕事の何よりの醍醐味です。

プロジェクトファイナンス

プロジェクトファイナンスとは、ある特定のプロジェクトに向けて融資を行い、そこから生み出される将来のキャッシュフローを返済原資とする金融手法です。石油・ガス・鉱物などの資源開発や、鉄道・発電所などのインフラ整備、石油化学などのプラント建設など、国内外で繰り広げられる大規模なプロジェクトの立ち上げ時から関わり、お客さまの資金調達を支援していきます。日本企業が海外で展開するエネルギー関連のプロジェクトは一兆円を超えるような巨大な案件も珍しくなく、それを成し遂げることで日本の国益に貢献することはもちろん、そのプロジェクトが行われる地域社会にも大きな経済効果をもたらすことになり、自分の仕事の社会的意義を実感できるのが大きな魅力です。

トレーディング

金融マーケットに果敢にチャレンジし、為替や債券などの市場性金融商品の売買を行い、収益を追求していく仕事です。SMBCでは、現場のディーラーが厳格なリスク管理の下、自己の相場観に基づいた取引を行っています。金融マーケットの動向は、世界で起こるさまざまな出来事が瞬時に反映されます。そうした情報を絶えずキャッチしながら相場を分析し、取引のタイミングを決断していきます。時々刻々と変化する金融マーケットに日々対峙するスペシャリスト中のスペシャリストであり、常に成果の求められる非常に責任の大きな仕事ですが、それだけに自らが描いたロジック通りに収益が上がった時の達成感はひとしおです。

リスクマネジメント

たとえば融資先の財務状況の悪化などによって資産が減少して損失を被る「信用リスク」や、金利・為替・株式などの相場が変動することで予期せぬ損失を被る「市場リスク」など、SMBCのビジネスにはさまざまなリスクが付随しています、こうしたリスクを評価・計量化し、的確にコントロールして経営を支えていくのが、このリスクマネジメントの仕事です。リスクを定量的に計るためには数学的な素養も求められ、理数系出身者も多数活躍しています。昨今では、事業のグローバル化にともない、各国の法規制や商慣習に合わせたリスク管理体制を確立していくことも重要なミッションのひとつです。経営に与える影響はきわめて大きく、銀行業を営む上で絶対不可欠な仕事です。

グローバルビジネス

いまや40か国・地域、130拠点でビジネスを展開しているSMBCグループ。そのグローバルネットワークをさらに拡充し、世界中のお客さまのニーズにお

応えしていくための戦略を企画実行しています。日本国内のみならず、海外拠点で外国人社員と共に新たなビジネス案件を開拓していくことはもちろんのこと、まだ SMBC が進出していない地域での拠点開設や、海外金融機関との提携など、グローバルに商業銀行業務展開していくためのさまざまな戦略を推し進めています。欧米、アジア、主要国に加えて、新興国での業務も強化しており、世界各国で現地に根付いた商業銀行業務を推進していくことで、その国の経済発展にも大きく貢献しています。

マーケティング

今後リテールビジネスをさらに発展させていくためには、一般のお客さまから「選ばれる銀行」になるための、生活者目線でのマーケティングがますます重要になっています。それを担うのがこのポジションであり、ターゲットとなる顧客層を分析し、新商品・新サービスの企画開発から広告宣伝まで一貫したマーケティングを展開しています。たとえば、使いやすさにこだわったスマートフォンアプリを企画したり、SNS を活用し、コミュニケーションの活性化を図ったり、あるいは店頭をメディア化してプロモーションを行うなど、いままでの銀行にはなかった発想で、お客さまに「驚き」や「感動」を与えるような施策を次々と企画・実行しています。

イノベーション

昨今、先進的な IT と金融ノウハウの融合によって革新的なサービスを提供しようという動きが世の中で盛り上がっています。SMBC もサプライズを起こす商品やサービスの提供に向けて、さまざまな研究開発を進めています。例えば、好奇心をくすぐる顧客体験。物を買う時に「お金を支払う」という行為そのものをなくしたり、空間に投影されたバーチャルな社員が対応する店舗など、未来の体験を“デザイン”して、従来の金融サービスの常識を覆すようなエキサイティングなテーマに挑んでいく仕事です。

新規事業開発

これまでの銀行は、まず企業の資金需要があり、それに応じて融資等を実行していくことが主な役割でした。しかし三井住友銀行はそこからさらに一歩踏み出し、今後成長が期待される産業分野において、顧客企業とともに新市場や新事業を自ら興していく取り組みにも力を入れています。具体的には「ヘルスケア」「新エネルギー」「環境」「インフラ・水」「資源」「農業」「ロボット」などの日本が強みを持つ分野にフォーカスし、産官学の連携で集積した幅広い知見やネットワークを活かして市場調査や計画策定から関わり、さらにはプロジェ

クトファイナンスなどの手法を駆使して事業化を果たし、社会課題の解決につながる新ビジネスの創出を支援していきます。

ファイナンシャルアドバイザー

個人のお客さまに向けて、資産運用をはじめ、相続や遺言信託、保険など「お金」にまつわるさまざまな領域をサポートしていくのがファイナンシャルアドバイザーです。金融についての豊富な知識をもとに、お客さまの資産を有効活用すべく、ご意向に合わせて預金以外の資産運用をご案内したり、あるいはお客さまの資産を継承していくための相続対策や遺言に関するご相談にもお応えし、ときには外部の税理士などの専門家の方々とも連携を図りながら、お客さまにとって最適なサービスを企画提案していきます。ひとりひとりのお客さまと深く関わって大きな信頼をいただき、まさに人生のパートナーとしてお客さまの幸せな暮らしに貢献していくことが、このファイナンシャルアドバイザーの仕事の醍醐味です。

ウェルスマネジメント

事業家や資産家などの富裕層のお客さまを対象に、資産の保全管理や運用、資産承継などに関わるサービスを提供していくのが、ウェルスマネジメントのミッションです。法人オーナーや地主、医師や弁護士、あるいは上場企業の役員の方々などを主な顧客として担い、お客さまの意向を踏まえ最適なポートフォリオ（金融資産の組み合わせ）を考えて有効な資産運用を図るとともに、資産を次代に継承していくためのソリューションにも知恵を絞っています。時には不動産の有効活用のために融資を行うこともあり、グループの総合力を結集してお客さまの多岐に渡る高度なニーズにお応えしていきます。親子二代に渡って関係が続いていくことも珍しくなく、富裕層のお客さまから絶対の信頼を獲得する「人間力」も求められる仕事です。

✔ 先輩社員の声

世界各国で，巨大プロジェクトの組成に携わる。

【総合職／2005年入行】
現在の担当業務

海外のエネルギーや資源開発に関わるプロジェクトに対するファイナンスを主なミッションとしていますが，プロジェクト向け融資の提供をおこなうアレンジャー業務に加えて，プロジェクトファイナンス組成のためには何が必要なのかアドバイスを行い，ファイナンスの組成までを事業主の方と共に作り上げるファイナンシャルアドバイザー（FA）という業務も行っています。アレンジャー業務では貸手としてプロジェクトに関与しますが，FAでは借手のアドバイザーとしてプロジェクトをサポートすることになります。

仕事の中で世界との関わりは？

私が担当しているプロジェクトは基本的には全て海外プロジェクトのため，世界各国，様々な国籍の方と共に一つのプロジェクトを遂行することとなります。SMBCのプロジェクトファイナンスの大きな拠点は，ニューヨーク，ロンドン，シンガポール，東京になるため，常日頃各拠点の仲間と連絡をとりグローバルベースでお客様をサポートすることとなります。当然，国や文化が異なれば仕事に対する姿勢も異なりますが，チームメンバーの特性を理解し，それぞれの強みを活かしながら最大のパフォーマンスを上げられるように日々努めています。

今までで心に残った業務上のエピソードは？

普段，銀行の中で業務をしているとなかなか見えてきませんが，私たちの銀行業務は本当に様々な波及効果を及ぼします。もちろん私たちがプロジェクトを遂行する「主体（事業主）」になるわけではありませんが，資金なくしてプロジェクトの遂行は不可能であり，事業主の方と一心同体となってプロジェクト組成に携わります。

その中でも特に記憶に残っているのは，数年前に，とあるLNGプロジェクトを担当させていただく機会があったときのことです。そのプロジェクトは日本円に置き換えると数兆円にも及ぶ巨大プロジェクトであり，日本の国益に大きく貢献するだけではなく，そのプロジェクトが行われる地域社会へのインパクトは筆舌に尽くしがたいものがありました。ある日，現地を訪問する機会をいただいたのですが，その際に現地政府の方や地域住民の方と意見交換を行う機会をいただきました。その意見交換の中では，そのプロジェクトのために何千人というワーカーがやってくること，さらにはその家族もやってくるため，例えば学校や病院の不足，町中の交通渋滞といった様々なトピックについて議論がなされ，プロジェクトの外におけるインパクトの大きさを改めて実感することができました。

私たちは通常，プロジェクトを遂行する上ではそのプロジェクト主体のお客様とのやりとりがメインストリームとなりますが，このプロジェクトのようにその地域で新たな何かを生み出す，そしてそのインパクトが多くの方へ影響を及ぼすことになるという，目の前のプロジェクトの先には何万人，何十万人という人がおり，良くも悪くも何らかの影響を及ぼしうるということを肝に銘じ，自らを戒めたことが非常に記憶に残っています。

どんな人と働きたいですか？

何事にも前向きに，例えチャレンジングな状況でも諦めずに，そして謙虚な気持ちで取り組める方と働きたいです。プロジェクトファイナンスに限らず，どんな業務においても困難な状況というのはあります。その様な中でも強い気持ちで，前向きに取り組む方はきっとどんな状況でも打破できると信じています。

✔ 募集要項

総合職

主な仕事内容	ホールセール部門・グローバルバンキング部門・市場営業部門・リテール部門・リスク管理部門・コーポレートスタッフ部門等、あらゆるフィールドで、業務推進、企画、判断、管理等幅広い業務に従事
募集要件	2024年9月末までに国内・海外の四年制大学を卒業・卒業見込み、または大学院修士課程を修了・修了見込みの方
募集学部	全学部全学科
勤務地	国内外の各営業拠点及び本部 ※主要事業所は屋内喫煙可能場所ありだが、事業所により異なる
隔地間転勤	あり
初任給	大学院卒280,000円／月 四年制大学卒255,000円／月
昇給賞与	昇給 年1回　賞与 年2回
勤務時間	8：40〜17：10（休憩：1時間、時間外勤務：あり）
休日休暇	完全週休2日制、有給休暇、連続休暇（5連続営業日）、勤続休暇、スポット休暇、半日休暇制度 等
保険	雇用保険，労災保険，健康保険，厚生年金保険　等

総合職（クオンツコース）

主な仕事内容	高度な数学的手法や数理モデルを用いたマーケットの分析・予測、商品評価　他 配属対象となる部署：市場営業統括部
募集要件	2024年9月末までに国内・海外の四年制大学を卒業・卒業見込み、または大学院修士課程を修了・修了見込みの方 高度な数学的知識と統計的手法を駆使した市場動向の把握、デリバティブなどの金融商品のプライシングモデル開発等を通じ、クオンツ業務に深く関わりたい方
募集学部	全学部全学科
勤務地	国内外の各営業拠点及び本部 ※主要事業所は屋内喫煙可能場所ありだが、事業所により異なる
隔地間転勤	あり
初任給	大学院卒280,000円／月 四年制大学卒255,000円／月
昇給賞与	昇給 年1回　賞与 年2回
勤務時間	8：40〜17：10（休憩：1時間、時間外勤務：あり）
休日休暇	完全週休2日制、有給休暇、連続休暇（5連続営業日）、勤続休暇、スポット休暇、半日休暇制度 等
保険	雇用保険，労災保険，健康保険，厚生年金保険　等

総合職（リスクアナリストコース）

主な仕事内容	●市場リスク，流動性リスク，信用リスク，オペリスク等に係るリスク管理業務 ●数理モデルの検証，リスク管理手法の企画，銀行経営におけるリスクの分析・管理 配属対象となる部署：リスク統括部
募集要件	2024年9月末までに国内・海外の四年制大学を卒業・卒業見込み、または大学院修士課程を修了・修了見込みの方 金融ビジネス・非金融ビジネスに内在するリスクを洗い出し、将来起こりうるリスクの見える化（数値化）等を通じ、銀行のグローバル経営に深く関わりたい方
募集学部	全学部全学科
勤務地	国内外の各営業拠点及び本部 ※主要事業所は屋内喫煙可能場所ありだが、事業所により異なる
隔地間転勤	あり
初任給	大学院卒280,000円／月 四年制大学卒255,000円／月
昇給賞与	昇給 年1回　賞与 年2回
勤務時間	8：40〜17：10（休憩：1時間、時間外勤務：あり）
休日休暇	完全週休2日制、有給休暇、連続休暇（5連続営業日）、勤続休暇、スポット休暇、半日休暇制度 等
保険	雇用保険，労災保険，健康保険，厚生年金保険　等

総合職(デジタライゼーションコース)

主な仕事内容	●経営管理やマーケティング、様々なビジネスに対するデータ利活用の企画・推進 ●ビッグデータや人工知能、規制緩和(Fintech)等を活用した先進ビジネスの構築 ●金融関連技術等を活用した新たな金融ITサービスの企画立案、推進　等 配属対象となる部署:リテールIT戦略部、リテールマーケティング部、システム統括部、法人デジタルソリューション部
募集要件	2024年9月末までに国内・海外の四年制大学を卒業・卒業見込み、または大学院修士課程を修了・修了見込みの方 情報処理、IT、プログラミング、人工知能等といったスキルを活かし、銀行のデジタライゼーションおよびイノベーションをリードしていきたい方
募集学部	全学部全学科
勤務地	国内外の各営業拠点及び本部 ※主要事業所は屋内喫煙可能場所ありだが、事業所により異なる
隔地間転勤	あり
初任給	大学院卒280,000円／月 四年制大学卒255,000円／月
昇給賞与	昇給 年1回　賞与 年2回
勤務時間	8:40〜17:10(休憩:1時間、時間外勤務:あり)
休日休暇	完全週休2日制、有給休暇、連続休暇(5連続営業日)、勤続休暇、スポット休暇、半日休暇制度 等
保険	雇用保険，労災保険，健康保険，厚生年金保険　等

総合職（データサイエンスコース）

主な仕事内容	●銀行・グループ横断的なデータ分析・利活用にかかる施策の企画・立案・推進，およびデータ分析環境の整備 ●機械学習等のAIを活用した各種予測モデルの構築 ●事業部門のビジネス課題解決等に向けたデータ分析・利活用の支援 ●データ分析・利活用にかかる最新動向調査，技術検証等 配属対象となる部署：データマネジメント部
募集要件	2024年9月末までに国内・海外の四年制大学を卒業・卒業見込み、または大学院修士課程を修了・修了見込みの方 情報処理、IT、プログラミング、人工知能等といったスキルを活かし、銀行のグローバル経営をデータ分析の観点からリードしていきたいという方
募集学部	全学部全学科
勤務地	国内外の各営業拠点及び本部 ※主要事業所は屋内喫煙可能場所ありだが、事業所により異なる
隔地間転勤	あり
初任給	大学院卒280,000円／月 四年制大学卒255,000円／月
昇給賞与	昇給 年1回　賞与 年2回
勤務時間	8：40〜17：10（休憩：1時間、時間外勤務：あり）
休日休暇	完全週休2日制、有給休暇、連続休暇（5連続営業日）、勤続休暇、スポット休暇、半日休暇制度 等
保険	雇用保険，労災保険，健康保険，厚生年金保険　等

総合職 (サイバーセキュリティコース)

主な仕事内容	●サイバーセキュリティ戦立案・実行 ●サイバー脅威情報の収集・分析・活用 ●セキュティツールの選定・実装 ●サイバーインシデント対応 ●新サービスや買収案件等，各種プロジェクトのセキュリティ対策支援 配属対象となる部署：システムセキュリティ統括部
募集要件	2024年9月末までに国内・海外の四年制大学を卒業・卒業見込み、または大学院修士課程を修了・修了見込みの方 銀行のサイバーセキュリティ業務を通して、グローバルに金融ビジネス全体のセキュリティ強化に関わりたい方
募集学部	全学部全学科
勤務地	国内外の各営業拠点及び本部 ※主要事業所は屋内喫煙可能場所ありだが、事業所により異なる
隔地間転勤	あり
初任給	大学院卒280,000円／月 四年制大学卒255,000円／月
昇給賞与	昇給 年1回　賞与 年2回
勤務時間	8：40〜17：10（休憩：1時間、時間外勤務：あり）
休日休暇	完全週休2日制、有給休暇、連続休暇（5連続営業日）、勤続休暇、スポット休暇、半日休暇制度 等
保険	雇用保険，労災保険，健康保険，厚生年金保険　等

総合職 (リテールコース)

主な仕事内容	個人のお客さまにおけるコンサルティング、業務推進等の顧客折衝・営業活動を幅広く担当
募集要件	2024年3月末までに国内・海外の四年制大学を卒業・卒業見込み、または大学院修士課程を修了・修了見込みの方
募集学部	全学部全学科
勤務地	国内の各営業拠点及び本部 勤務地域は「首都圏」・「近畿圏」で選択した地域が本拠地となり、異動や配属は隔地間転勤希望がない限り本拠地エリア内となる。 ※主要事業所は屋内喫煙可能場所ありだが、事業所により異なる
隔地間転勤	希望により選択可
初任給	大学院卒 280,000円／月 四年制大学卒 255,000円／月
昇給賞与	昇給 年1回　賞与 年2回
勤務時間	8：40〜17：10（休憩：1H，時間外勤務：あり）
休日休暇	完全週休2日制、有給休暇、連続休暇（5連続営業日）、勤続休暇、スポット休暇、半日休暇制度　等
保険	雇用保険，労災保険，健康保険，厚生年金保険　等

✔ 採用の流れ　(出典：東洋経済新報社『就職四季報』)

エントリーの時期	【総】3月〜
採用プロセス	【総】ES提出（3月〜）→Webテスト→面接（複数回）→内々定
採用実績数	(下表参照)

	大卒男	大卒女	修士男	修士女
2022年	248	178	36	9
2023年	197	130	29	7

※2024年：465名採用予定

✔2023年の重要ニュース（出典：日本経済新聞）

■三井住友銀行、23年初任給5万円上げ　みずほも24年検討（2/6）

　三井住友銀行は2023年4月に入行する新卒の初任給を5万円引き上げる方針を固めた。大卒は24%上昇し25万5000円となる。みずほフィナンシャルグループ（FG）も24年に同程度上げる方向で検討する。3メガバンクとも22年まで10年以上にわたって、初任給は20万5000円で横並びだった。他行に先駆けて若手の給与を他業種に見劣りしない水準にし、人材の確保とつなぎ留めを図る。

　三井住友銀は23年入社の約400人の初任給を募集時よりも5万円引き上げる。院卒初任給は従来の23万円から28万円になる。新卒との賃金逆転が起きないよう、入行数年以内の若手の賃金もあわせて引き上げる。銀行などグループで一括採用するみずほFGも新卒初任給を24年に引き上げる方向で検討している。

　三井住友銀の初任給上昇は07年に17万4000円から現在の水準にして以来16年ぶりだ。3メガバンク体制の発足後、横並びで上昇していなかった初任給を三井住友銀が先行して引き上げ、4年後の11年に三菱東京UFJ銀行（当時）とみずほFGが同水準に追随した。

　メガバンクが初任給引き上げに動くのは物価上昇への対応に加え、人材の獲得競争が業界の垣根を越えて激しくなってきたことも理由だ。特に三井住友が力を入れるデジタル分野など専門人材はあらゆる業界で取り合いになる。

　厚生労働省の21年の賃金構造基本統計調査によると、大学新卒の平均賃金は22万5400円。メガバンクの初任給は平均を2万円超も下回っていた。同調査では金融・保険業の全年齢の平均賃金が他業界に比べて高めである一方、20〜24歳では情報通信業などを下回っている。

　マイナビと日経が調べた23年卒の就職人気ランキング（文系総合）では、銀行で最も上位の三菱UFJ銀行でも21位だった。3メガバンクともトップ10に入っていた5年前に比べ存在感が薄れている。金融機関から異業種への転職も増加傾向だ。デジタル化などで銀行の戦略も変化する中、若手の待遇を向上させて優秀な人材を確保し、競争力を高める。

■三井住友銀行、地銀デジタル化支援　法人手続きネットで（3/29）

　三井住友銀行は29日、地方銀行やその取引先のデジタル化を支援する基盤を

立ち上げると発表した。法人顧客の口座開設や手続きをネット上で完結できるシステムを提供するほか、電子的な本人確認システムなども共通化する。さらに、地銀の取引先のデジタル化を支援する三井住友銀やIT企業のサービスも必要に応じて提供する。競合しない分野での連携を深め、地方企業との接点を増やす。

　まず名古屋銀行、三十三銀行、岩手銀行、宮崎銀行と提携する。参加する地銀は今後増える見通し。システムの利用に応じて、三井住友銀行が手数料を得る。

　2023〜24年度に、地銀のデジタル窓口を整備する。メガバンクで普及し始めたオンラインでの法人口座開設や届け出の受け付けシステムを地銀にも提供する。オンラインの本人認証「eKYC」など地銀と競合しない分野でシステムを共有する。

　三井住友銀行が手掛ける温暖化ガス排出量可視化システムなど顧客向けサービスも必要に応じて地銀の顧客に提供する。三井住友銀行以外のIT企業によるサービス提供も予定する。将来は、プラットフォームを通じて電子商取引（EC）企業などに決済をはじめとした金融サービスを直接提供することも検討する。

■三井住友銀行、全店の6割を新型店に　営業時間を拡大（8/24）

　三井住友銀行は2025年度までに、全店舗の6割にあたる250店超を「ストア」と呼ぶ新型店に転換する。営業時間を土日や夕方も含めて柔軟に設定する。商業施設内などに移転し、店舗運営などにかかる費用を3年後に年280億円減らす。個人顧客との取引はスマートフォンを中心にするが、行員と相談したい場合には気軽に立ち寄れるようにする。

　三井住友フィナンシャルグループ（FG）が24日に公表した投資家向け資料で明らかにした。ストアの数は23年8月時点で7店。店舗を小型化することで人件費や賃料などの運営費が1店舗あたり平均1億円超減ったという。千葉県内のストアでは平日夕方や休日も運営したところ、来客数がストアに変える前の4倍に増えた。来店客の45%が40代以下となっている。

　ストアでは資産運用や相続の相談に加えてスマホアプリの使い方なども指南する。三井住友FGは銀行やクレジットカードなどの手続きをスマホ上で提供するサービス「Olive（オリーブ）」の利用拡大を図っている。24日の資料ではオリーブのアカウント数が80万に達したことも明らかにした。3〜6月に新規口座開設した顧客の預金残高は前年同期に比べて3割増えた。

✔2022年の重要ニュース (出典:日本経済新聞)

■20年史ネット公開　東電緊急融資の秘話も（1/11）

　三井住友フィナンシャルグループは、グループ発足後の歴史をつづった「20年史」をまとめた。従業員や取引先など幅広いステークホルダー（利害関係者）に利用してもらえるよう書籍にはせず原則、全ての内容をネットで公開する。東日本大震災時に東京電力（現・東京電力ホールディングス）の資金繰りを巡り、政府支援が得られる公算が大きいとして踏み切った緊急融資の経緯など、これまで語られなかった秘話も盛り込む。

　分量は書籍に換算して約500ページに及ぶ。2013年に発刊した三井住友銀行の10年史以降の取り組みが主に、記されている。書籍は作製せずウェブでの公開としたことで、動画などのコンテンツも盛り込めるようになった。関係者によると「これだけの量の文章を全編ウェブで公開するのは金融機関でも珍しい」としている。

■高齢者サービス新会社　見守りアプリ提供（3/7）

　三井住友銀行は7日、増加する高齢者の独り暮らしに対応するスマートフォンアプリを開発・販売する新会社を立ち上げると発表した。親の資産の状況や位置情報をアプリ上で確認できるサービスの展開を予定する。

　「SMBCファミリーワークス」を4月に立ち上げる。今夏の営業開始を予定しており、開発したアプリは米アップルや米グーグルなどのストアで販売を検討する。アプリにはスケジュールの共有やメッセージのやりとりといった機能も持たせる見込み。

　2020年の国勢調査によると、単身の高齢者は671万6806人と5年前の前回調査に比べ13%増えた。別居の高齢者を抱える子世代の間では、親の健康や資産に対する不安や関心が高まっている。銀行が手掛ける資産運用や相続などのコンサルティング業務の提供を通じて、親世代と子世代が抱える課題を解決することも視野に入れる。

■三井住友FG、石油ガス分野で「中間削減目標」（8/31）

　三井住友フィナンシャルグループ（FG）は31日、三井住友銀行の投融資先で石油・ガス分野の温暖化ガス排出量を2030年度に20年度比12〜29%削減する目標を公表した。石炭分野は同期間に37〜60%減らす。同社は50年に投融資先の温暖化ガス排出量を実質ゼロにする目標を掲げており、排出量の多

いセクターで中間目標を設定して実効性を高める。

主要国の金融当局が主導する「気候関連財務情報開示タスクフォース（TCFD）」の提言に沿った開示のリポート（2022年版）を31日に公表し、石油・ガスと石炭の中間目標を新たに盛り込んだ。同リポートによれば、三井住友銀と主要な現地法人の石油・ガスセクター向け与信残高は22年3月時点で9兆5000億円とエネルギー分野の中で最も多い。石炭の与信残高は1000億円。

目標は地球温暖化の国際枠組み「パリ協定」に沿ったものとしている。三井住友FGは投融資先の温暖化ガス削減に向け、排出量の可視化などの支援をしていく。

■フィリピン大手銀に追加出資　持ち分法適用に（11/2）

三井住友フィナンシャルグループ（FG）は2日、フィリピン大手銀行のリサール商業銀行（RCBC）に約270億フィリピンペソ（約680億円）を追加出資すると発表した。出資比率を従来の5%弱から20%まで引きあげ、持ち分法適用会社にする。RCBCと組み、成長が期待される同国市場で幅広く顧客開拓をする。デジタル分野でも連携を進める。

三井住友FG傘下の三井住友銀行が2021年に5%弱出資していた。今回、出資比率を2割に引き上げ、事業面での協業を深める狙いだ。

RCBCは総資産でフィリピン6位の民間銀行。従業員数は約6000人で、同国内に400超の支店網を持つ。21年12月期の純利益は日本円で170億円強で、貸出金は1兆3000億円程度の残高がある。大企業や中小、個人向けなど幅広く融資を手掛ける。

RCBCは21年12月期に総資産と預金が前期比2割強増えており、急速に事業を拡大している。将来の成長性も高いことから、三井住友FGは追加出資に対するリターンが見込めると判断した。RCBCの増資を三井住友銀行が引き受ける形で、財務面での安定性も高める。

日系企業のフィリピン進出支援や両国の企業同士のマッチングなどで協業する。環境関連融資や、両者が強みを持つデジタル金融やリース、クレジットカードなどの分野でも連携する。業務のデジタルトランスフォーメーション（DX）も共同で進める。

三井住友FGは21年、RCBCに加えてベトナムとインドのノンバンク大手に出資を決めた。成長が著しいアジア各国で、今後は出資先同士の連携を深める。

アジアではフィリピン大手銀セキュリティバンクにも出資する三菱UFJFGの存在感が大きく、出資先同士の連携も深化させている。みずほFGはフィリピンでデジタル銀行を手掛けるトニック・フィナンシャルへの出資を決めている。

■SBIと三井住友FGが株の私設取引所　22年春にも（1/28）

　SBIホールディングス（HD）と三井住友フィナンシャルグループ（FG）は共同で、株式などを取引する私設取引所を2022年春にも開設する。日本は私設取引所のシェアが約8％と低く、東京証券取引所が事実上独占している。東証のシステム障害を機に代替市場を求める機運が高まっており、市場間競争が活性化しそうだ。

　SBIHDが6割、三井住友FGが4割を出資して運営会社「大阪デジタルエクスチェンジ（ODX）」を3月に設立する。東証を使わずに株式などを取引できる私設取引システム（PTS）を活用する。東証の時間外で取引できるなど投資家の使い勝手を高める施策を検討する。運営会社とグループの証券会社とで利益相反が起きないよう管理体制も整える。

　米国ではPTSにあたる代替取引システムが50社以上あり、ニューヨーク証券取引所とナスダックのシェアは計4割程度。日本も1998年に株取引の取引所集中義務が撤廃されPTS参入が相次いだが、SBIが49％出資するジャパンネクスト証券（東京・港）と米ファンド系のチャイエックス・ジャパン（同）の2社に減っていた。今回で3社に増える。

　ODXはブロックチェーン（分散型台帳）技術を使い効率よく発行できる「デジタル証券」も23年をめどに扱う方針だ。20年に法律で認められた電子的に発行する資産で、既存の有価証券より小口で迅速に発行できる。SBIHDは社債や不動産、美術品、映画版権などがデジタル証券化され、市場が拡大するとみている。複数の事業会社や証券会社が一般投資家向けの発行を準備しており、売買できる場を国内で初めて提供する。

　ODX本社を大阪府内に置くことでSBIHDは国際金融都市構想を後押しする。4月にはコメ先物を扱う堂島商品取引所（大阪市）が株式会社化し、SBIグループが35％出資する計画だ。2つの取引所を核に香港やシンガポールといった国境を越えた取引が活発に行われる金融市場に育成したい考え。ジャパンネクスト証券のPTSも併行して運営を続ける。

　三井住友FGは20年4月にSBIHDと戦略提携を結んでいる。決済や法人向けビジネス仲介など金融のプラットフォーマーを目指す戦略を掲げており、デジタル証券市場が拡大すれば優位に立てるとみる。傘下のSMBC日興証券の投資家の注文をODXに取り次ぐことなどを検討する。

■三井住友 FG、取引先の CO2 削減へ　目標設定は邦銀初 (5/12)

　三井住友フィナンシャルグループは 12 日、取引先の二酸化炭素（CO2）排出量を把握し、削減に向けた目標を定めると発表した。まず石油やガス、電力など CO2 排出量の多い業種から始め順次、対象を広げる。

　取引先など事業に関連する他社の排出（間接排出）は、国際組織「GHG プロトコル・イニシアチブ」が、「スコープ 3」と位置づける。3 段階中、最も厳格な基準で、スコープ 3 に基づいた削減目標を定めるのは邦銀として初めてという。

　2020 年度からの 10 年間で 10 兆円としていたグリーンファイナンス（環境金融）の実行額の目標を、30 兆円に引き上げる方針も示した。貧困や環境などの社会課題の解決に伴う資金調達であるソーシャルファイナンスなども対象に加える。石炭火力発電所への新規融資もやめる。

■欧州で銀証連携を加速　2 現地法人を合併（11/24）

　三井住友フィナンシャルグループ（FG）は、欧州地域で銀証連携を加速する。当局の承認を前提に、2022 年 4 月にもドイツの銀行現地法人と証券現地法人を合併する。融資から債券の引き受けまで、企業のニーズに一気通貫で応えられる体制を整備する。

　銀行現地法人である SMBC バンク EU を存続会社とし、証券現地法人の欧州 SMBC 日興キャピタル・マーケットと合併する。三井住友 FG は英国の欧州連合（EU）離脱後も欧州地域での営業体制を維持するために、19 年にドイツに銀行と証券の現地法人を開設していた。

✔ 就活生情報

> 選考フローがとても早く，内々定まで１ヶ月もかかりませんでした

総合職リテールコース 2021卒

エントリーシート
・形式：採用ホームページから記入
・内容：志望理由，ガクチカ，定番の設問

セミナー
・選考とは無関係
・服装：リクルートスーツ

筆記試験
・形式：Webテスト
・科目：数学，算数／国語，漢字／性格テスト
・内容：webテストを受けたのち，テストセンターの結果を送信

面接（個人・集団）
・雰囲気：普通
・回数：3回
・質問内容：幼少期についての質問，ガクチカ，志望理由，なぜ銀行，なぜ金融，なぜSMBC，強み，弱みなど

内定
・拘束や指示：他の内々定先の辞退
・タイミング：予定より早い

● その他受験者からのアドバイス
・面接で逆質問がある。中期経営計画や，SMBCに関する記事を見て質問を考えると，興味関心があることを示せるので評価が高くなる

自らのモチベーションの源泉や行動傾向などの自己分析をしっかり行いましょう。早めに動きだして損はありません

総合職 2020卒

エントリーシート

・形式：採用ホームページから記入
・内容：「自分ならでは」の経験，それについての経験エピソー，それについての苦労したこと，克服したこと，志望動機

セミナー

・選考とは無関係
・服装：リクルートスーツ
・内容：若手行員と学生の小人数座談会。1時間30分程度で計6人の行員の話を聞ける

筆記試験

・形式：Webテスト
・科目：SPI（数学，算数／国語，漢字／性格テスト）

面接（個人・集団）

・質問内容：エントリーシートに沿った内容のほか，人間性や考え方を見られる
・金融業界の志望理由，銀行の志望理由，三井住友銀行の志望理由，入社後やりたいこと，キャリアプラン，学生時代に力を入れたこと，大学と学部の選択理由

内定

・拘束や指示：他の企業の選考を辞退するよう言われた
・通知方法：電話

● その他受験者からのアドバイス
・プライベートセッションという若手行員との面談が毎週あり，自己分析が深まった。どの業界を第一志望にするにしても，視野を広く持つことで新たな気付きを得られるので，最初の段階では多くの業界に触れた方がいい

なぜ自分がそのような行動をしたのか，それによって得たことなどの自己分析の深堀りが大事

総合職リテール 2020卒

エントリーシート

- 形式：採用ホームページから記入
- 内容：志望理由，「自分ならでは」について，その具体例と困難だったこと，なぜリテールなのか

セミナー

- 選考とは無関係
- 服装：リクルートスーツ
- 内容：座談会。とてもフランクで話しやすい雰囲気だった

筆記試験

- 形式：Webテスト
- 科目：SPI（数学，算数／国語，漢字／性格テスト）

面接（個人・集団）

- 質問内容：幼少期からの自己分析，なぜ金融か，なぜ銀行か，なぜメガバンクか，なぜ三井住友銀行か，入行してどのような仕事がしたいのか，学生時代頑張ったこと，計画派か行動派か，人生のターニングポイント，短所とその具体例，志望度，学業について

グループディスカッション

- 派遣社員の三人の中から一人を選び，二人の社員のところに行って説得する

内定

- 拘束や指示：他社の選考と内定を辞退するよう言われた

● その他受験者からのアドバイス

- 銀行，金融だけでなくいろいろな業界を見ることで差別化もできるので業界は絞らないほうがいい

面接が終わって二時間以内に通知が来るため，非常にスピーディだった

総合職 2019卒

エントリーシート
・形式：採用ホームページから記入
・内容：学生時代頑張ったこと，あなたならではの

セミナー
・選考とは無関係
・服装：リクルートスーツ
・内容：大学の先輩行員のみで行われるセミナー。学生時代4，行員2で交代しながら座談会を行う

筆記試験
・形式：Webテスト
・科目：数学，算数／論作文
・内容：webテスト，テストセンター，二次面接前に作文

面接（個人・集団）
・雰囲気：普通
・回数：3回
・質問内容：学生時代頑張ったこと，志望動機，部活動のことを話したので，勉強はどうだったか，気になったニュース

内定
・拘束や指示：特になし
・タイミング：予定より早い

● その他受験者からのアドバイス
・ココと決めた一社以外は受けないぐらいの覚悟を持って臨めば，納得する結果が待っていると思います。実際に面接は時間が被ることも多く，辞退することも多くなります。私は最終的に面接を受けたのは3社，残りの2社は辞退したため内定を頂いたのは一社だけです。どんなに内定を貰っても働くのは一社だけです。その一社に巡り会えるよう頑張って下さい

行員の方が熱心に話をしてくださる姿が印象的で，メガバンクの中では1番熱く，面倒見が良い企業なんだと感じました

総合職リテールコース 2019卒

エントリーシート

・形式：採用ホームページから記入
・内容：学生時代に力を入れたことに関連付けての自己PR，志望動機，興味のある業務とその理由

セミナー

・筆記や面接などが同時に実施される，選考と関係のあるものだった
・内容：1グループ5,6人に分かれて行員の方のお話を聞き，質問する

筆記試験

・形式：Webテスト
・科目：数学，算数／国語，漢字／性格テスト。玉手箱，テストセンター

面接（個人・集団）

・質問内容：1次はグループワークという形で，実際の営業に似せた課題を出される。2次と最終は人事部の方。志望動機，学生時代に力を入れたことが中心。
・最終面接では，お客様にクレームをもらったらどうするか，お客様に無理なお願いをされたらどう対応するか，といったことも聞かれた

内定

・拘束や指示：内々定後に，他の企業はできるだけ早く辞退するようにとだけ言われた
・タイミング：予定通り

● その他受験者からのアドバイス

・就活は運と縁です。自分なりに努力をしたら，とにかく笑顔で，ありのままの自分で臨んでください。色々な企業の選考を受けてみて，やはり一緒に働きたいと思ってもらえることが重要なんだなと思いました。あとは，友達とおしゃべりをしたり飲みに行ったり，しっかりと息抜きをしてください。満足のいく就職活動ができるよう，応援しています

自己分析とテスト対策は早めにやったほうがいいと
思います。頑張って下さい

総合職 2018卒

エントリーシート
・形式：採用ホームページから記入

セミナー
・選考とは無関係
・服装：リクルートスーツ
・内容：業界説明，企業紹介，社員の講話，質問会，面談

筆記試験
・形式：Webテスト
・科目：数学，算数／国語，漢字／論作文／性格テスト。内容は，玉手箱，後にSPI

面接（個人・集団）
・雰囲気：和やか
・回数：3回
・質問内容：志望動機，学生時代頑張ってきたこと，強み弱み，今後どんな仕事がしたいか，自分を動物に例えるとしたら

内定
・通知方法：電話
・タイミング：予定より早い

⦿ その他受験者からのアドバイス
・よかった点は，面接の雰囲気が和やか，PSでトークスキルがあがる，面接の回数が少ない。
・よくなかった点は，PSの回数が多く毎週末拘束されるので，第一志望以外の人はきついかもしれません

安直に銀行というよりは，銀行で何がしたいのかを考え，面接ではそれをしっかり出してください

総合職 2018卒

エントリーシート

・形式：採用ホームページから記入
・内容：学チカ，志望動機（なぜSMBC，職種）

セミナー

・選考とは無関係
・服装：リクルートスーツ
・内容：業務内容によって分かれたブースに自由に行くことができる。各１時間程度で３，４個のブースを回ることができる

筆記試験

・形式：Webテスト
・科目：SPI（数学，算数／国語，漢字／性格テスト）

面接（個人・集団）

・雰囲気：圧迫
・回数：１回
・質問内容：SMBCに入って何がしたいか。また，メガバンク３行をどうすみ分けて考えているのか

内定

・拘束や指示：オワハラはある
・タイミング：予定より早い

▶ その他受験者からのアドバイス

・結果が早く出るため，安心することができた。しかし，不採用の場合は通知が来ないため，そういった方々には良心的とは言えないかもしれない。

就職活動で重要なのは「自分という存在についてどう伝えるか」です。しっかりとアピールして下さい

総合職 2018卒

エントリーシート

・形式：採用ホームページから記入
・内容：志望動機，学チカ等オーソドックスなもの

セミナー

・選考とは無関係
・服装：リクルートスーツ

筆記試験

・形式：作文／Webテスト
・科目：，数学，算数／国語，漢字／論作文／性格テスト。エントリー時にテストセンター

面接（個人・集団）

・雰囲気：普通
・質問内容：リクルーターとの面談が5〜15回程度（個人差あり）。そこで認められれば6月からの人事面談1〜5回程度（個人差あり）。ここの選考は個人差が大きくあります

内定

・拘束や指示：内々定の通知も個人差があり，私は最終面接のその場で
・タイミング：予定より早い

● その他受験者からのアドバイス

・よかった点は，十数回の面談を通して，自分という個人を深くまで見てくれる。
・よくなかった点は，リクルーター面談に呼び出される回数が他社と比べて非常に多いため，交通費がかさんだ

SMBCは，志望度と面接でのパフォーマンスが求められます。PSには積極的に参加して下さい

総合職 2018卒

エントリーシート
・形式：採用ホームページから記入
・内容：学生時代に頑張ったこと，自分ならではの取り組み，乗り越えたこと，志望動機

セミナー
・選考とは無関係
・服装：リクルートスーツ
・内容：沢山の社員の方のお話を聞けた

筆記試験
・形式：Webテスト
・科目：SPI（数学，算数／国語，漢字／論作文／性格テスト）

面接（個人・集団）
・雰囲気：和やか
・回数：3回
・質問内容：学生時代頑張ったこと，志望動機，自分を動物に例えると

内定
・拘束や指示：他社の内定を辞退するよう指示された
・タイミング：予定通り

● その他受験者からのアドバイス
・よかった点は，その場で面接の結果を知らされる点
・よくなかった点は，人によって選考フローが異なり，選考が不透明だった

リクルーターの方が本当に親身になってくれるので
なんでも相談できてよかったです

総合職リテール（地域型） 2018卒

エントリーシート

・形式：採用ホームページから記入
・内容：自分ならではの頑張ったこと，志望動機，志望職種理由

セミナー

・選考とは無関係
・服装：リクルートスーツ

筆記試験

・形式：作文／Webテスト
・科目：数学，算数／国語，漢字／性格テスト

面接（個人・集団）

・質問内容：学生時代頑張ったこと，乗り越えられなかったこと，なぜSMBC
を志望するのか，10年以内のキャリアプラン

内定

・拘束や指示：他の企業を辞退するよう促された
・タイミング：予定より早い

▶ その他受験者からのアドバイス

・通過連絡が早い。即日，またはその場で通知されます。また，PSで沢山の
社員の方とお話を伺えるので，企業研究の必要がない

✔ 有価証券報告書の読み方

01 部分的に読み解くことからスタートしよう

　「有価証券報告書（以下，有報）」という名前を聞いたことがある人も少なくはないだろう。しかし，実際に中身を見たことがある人は決して多くはないのではないだろうか。有報とは上場企業が年に1度作成する，企業内容に関する開示資料のことをいう。開示項目には決算情報や事業内容について，従業員の状況等について記載されており，誰でも自由に見ることができる。

　一般的に有報は，証券会社や銀行の職員，または投資家などがこれを読み込み，その後の戦略を立てるのに活用しているイメージだろう。その認識は間違いではないが，だからといって就活に役に立たないというわけではない。就活を有利に進める上で，お得な情報がふんだんに含まれているのだ。ではどの部分が役に立つのか，実際に解説していく。

■有価証券報告書の開示内容

　では実際に，有報の開示内容を見てみよう。

有価証券報告書の開示内容
第一部【企業情報】
第1　【企業の概況】
第2　【事業の状況】
第3　【設備の状況】
第4　【提出会社の状況】
第5　【経理の状況】
第6　【提出会社の株式事務の概要】
第7　【提出会社の状参考情報】
第二部【提出会社の保証会社等の情報】
第1　【保証会社情報】
第2　【保証会社以外の会社の情報】
第3　【指数等の情報】

有報は記載項目が統一されているため，どの会社に関しても同じ内容で書かれている。このうち就活において必要な情報が記載されているのは，第一部の第1【企業の概況】〜第5【経理の状況】まで，それ以降は無視してしまってかまわない。

02　企業の概況の注目ポイント

　第1【企業の概況】には役立つ情報が満載。そんな中，最初に注目したいのは，冒頭に記載されている【主要な経営指標等の推移】の表だ。

回次		第25期	第26期	第27期	第28期	第29期
決算年月		平成24年3月	平成25年3月	平成26年3月	平成27年3月	平成28年3月
営業収益	（百万円）	2,532,173	2,671,822	2,702,916	2,756,165	2,867,199
経常利益	（百万円）	272,182	317,487	332,518	361,977	428,902
親会社株主に帰属する当期純利益	（百万円）	108,737	175,384	199,939	180,397	245,309
包括利益	（百万円）	109,304	197,739	214,632	229,292	217,419
純資産額	（百万円）	1,890,633	2,048,192	2,199,357	2,304,976	2,462,537
総資産額	（百万円）	7,060,409	7,223,204	7,428,303	7,605,690	7,789,762
1株当たり純資産額	（円）	4,738.51	5,135.76	5,529.40	5,818.19	6,232.40
1株当たり当期純利益	（円）	274.89	443.70	506.77	458.95	625.82
潜在株式調整後1株当たり当期純利益	（円）	—	—	—	—	—
自己資本比率	（％）	26.5	28.1	29.4	30.1	31.4
自己資本利益率	（％）	5.9	9.0	9.5	8.1	10.4
株価収益率	（倍）	19.0	17.4	15.0	21.0	15.5
営業活動によるキャッシュ・フロー	（百万円）	558,650	588,529	562,763	622,762	673,109
投資活動によるキャッシュ・フロー	（百万円）	△370,684	△465,951	△474,697	△476,844	△499,575
財務活動によるキャッシュ・フロー	（百万円）	△152,428	△101,151	△91,367	△86,636	△110,265
現金及び現金同等物の期末残高	（百万円）	167,525	189,262	186,057	245,170	307,809
従業員数[ほか、臨時従業員数]	（人）	71,729 [27,746]	73,017 [27,312]	73,551 [27,736]	73,329 [27,313]	73,053 [26,147]

　見慣れない単語が続くが，そう難しく考える必要はない。特に注意してほしいのが，**営業収益**，**経常利益**の二つ。営業収益とはいわゆる**総売上額**のことであり，これが企業の本業を指す。その営業収益から営業費用（営業費（販売費＋一般管理費）＋売上原価）を差し引いたものが**営業利益**となる。会社の業種はなんであれ，モノを顧客に販売した合計値が営業収益であり，その営業収益から人件費や家賃，広告宣伝費などを差し引いたものが営業利益と覚えておこう。対して経常利益は営業利益から本業以外の損益を差し引いたもの。いわゆる金利による収益や不動産収入などがこれにあたり，本業以外でその会社がどの程度の力をもっているかをはかる絶好の指標となる。

■会社のアウトラインを知れる情報が続く。

　この主要な経営指標の推移の表につづいて，「会社の沿革」，「事業の内容」，「関係会社の状況」「従業員の状況」などが記載されている。自分が試験を受ける企業のことを，より深く知っておくにこしたことはない。会社がどのように発展してきたのか，主としている事業はどのようなものがあるのか，従業員数や平均年齢はどれくらいなのか，志望動機などを作成する際に役立ててほしい。

03 事業の状況の注目ポイント

　第2となる【事業の状況】において，最重要となるのは**業績等の概要**といえる。ここでは1年間における収益の増減の理由が文章で記載されている。「○○という商品が好調に推移したため，売上高は△△になりました」といった情報が，比較的易しい文章で書かれている。もちろん，損失が出た場合に関しても包み隠さず記載してあるので，その会社の1年間の動向を知るための格好の資料となる。

　また，業績については各事業ごとに細かく別れて記載してある。例えば鉄道会社ならば，①運輸業，②駅スペース活用事業，③ショッピング・オフィス事業，④その他といった具合だ。**どのサービス・商品がどの程度の売上を出したのか**，会社の持つ展望として，今後**どの事業をより活性化**していくつもりなのか，などを意識しながら読み進めるとよいだろう。

■「対処すべき課題」と「事業等のリスク」

　業績等の概要と同様に重要となるのが，「**対処すべき課題**」と「**事業等のリスク**」の2項目といえる。ここで読み解きたいのは，その会社の**今後の伸びしろ**について。いま，会社はどのような状況にあって，どのような課題を抱えているのか。また，その課題に対して取られている対策の具体的な内容などから経営方針などを読み解くことができる。リスクに関しては法改正や安全面，他の企業の参入状況など，会社にとって決してプラスとは言えない情報もつつみ隠さず記載してある。客観的にその会社を再評価する意味でも，ぜひ目を通していただきたい。

　次代を担う就活生にとって，ここの情報はアピールポイントとして組み立てやすい。「新事業の○○の発展に際して……」，「御社が抱える●●というリスクに対して……」などという発言を面接時にできれば，面接官の心証も変わってくるはずだ。

最後に注目したいのが，第5【経理の状況】だ。ここでは，簡単にいえば【主要な経営指標等の推移】の表をより細分化した表が多く記載されている。ここの情報をすべて理解するのは，簿記の知識がないと難しい。しかし，そういった知識があまりなくても，読み解ける情報は数多くある。例えば**損益計算書**などがそれに当たる。

連結損益計算書

(単位：百万円)

	前連結会計年度 (自 平成26年4月1日 至 平成27年3月31日)	当連結会計年度 (自 平成27年4月1日 至 平成28年3月31日)
営業収益	2,756,165	2,867,199
営業費		
運輸業等営業費及び売上原価	1,806,181	1,841,025
販売費及び一般管理費	※1 522,462	※1 538,352
営業費合計	2,328,643	2,379,378
営業利益	427,521	487,821
営業外収益		
受取利息	152	214
受取配当金	3,602	3,703
物品売却益	1,438	998
受取保険金及び配当金	8,203	10,067
持分法による投資利益	3,134	2,565
雑収入	4,326	4,067
営業外収益合計	20,858	21,616
営業外費用		
支払利息	81,961	76,332
物品売却損	350	294
雑支出	4,090	3,908
営業外費用合計	86,403	80,535
経常利益	361,977	428,902
特別利益		
固定資産売却益	※4 1,211	※4 838
工事負担金等受入額	※5 59,205	※5 24,487
投資有価証券売却益	1,269	4,473
その他	5,016	6,921
特別利益合計	66,703	36,721
特別損失		
固定資産売却損	※6 2,088	※6 1,102
固定資産除却損	※7 3,957	※7 5,105
工事負担金等圧縮額	※8 54,253	※8 18,346
減損損失	※9 12,738	※9 12,297
耐震補強重点対策関連費用	8,906	10,288
災害損失引当金繰入額	1,306	25,085
その他	30,128	8,537
特別損失合計	113,379	80,763
税金等調整前当期純利益	315,300	384,860
法人税、住民税及び事業税	107,540	128,972
法人税等調整額	26,202	9,326
法人税等合計	133,742	138,298
当期純利益	181,558	246,561
非支配株主に帰属する当期純利益	1,160	1,251
親会社株主に帰属する当期純利益	180,397	245,309

　主要な経営指標等の推移で記載されていた**経常利益**の算出する上で必要な営業外収益などについて，詳細に記載されているので，一度目を通しておこう。

　いよいよ次ページからは実際の有報が記載されている。ここで得た情報をもとに有報を確実に読み解き，就職活動を有利に進めよう。

✔ 有価証券報告書

企業の概況

1 主要な経営指標等の推移

（1） 当連結会計年度の前4連結会計年度及び当連結会計年度に係る主要な経営指標等の推移

		2018年度 (自2018年4月1日 至2019年3月31日)	2019年度 (自2019年4月1日 至2020年3月31日)	2020年度 (自2020年4月1日 至2021年3月31日)	2021年度 (自2021年4月1日 至2022年3月31日)	2022年度 (自2022年4月1日 至2023年3月31日)
連結経常収益	百万円	3,369,898	3,469,068	2,786,647	2,990,450	4,991,948
うち連結信託報酬	百万円	4,541	4,701	4,895	5,940	6,752
連結経常利益	百万円	894,501	770,491	534,722	867,849	1,125,928
親会社株主に帰属する 当期純利益	百万円	617,493	517,750	406,093	568,244	807,042
連結包括利益	百万円	548,236	222,122	1,238,547	327,943	952,014
連結純資産額	百万円	8,986,749	8,368,349	9,256,369	9,219,858	9,735,509
連結総資産額	百万円	190,690,293	206,089,633	228,066,567	242,105,934	252,567,523
1株当たり純資産額	円	81,936.56	77,913.33	86,161.73	85,558.44	90,237.03
1株当たり当期純利益	円	5,811.79	4,873.02	3,822.11	5,348.27	7,595.81
潜在株式調整後 1株当たり当期純利益	円	5,811.60	4,872.96	3,822.11	—	—
連結自己資本比率	%	4.57	4.02	4.01	3.75	3.80
連結自己資本利益率	%	7.16	6.10	4.67	6.23	8.64
連結株価収益率	倍	—	—	—	—	—
営業活動による キャッシュ・フロー	百万円	4,186,068	5,610,716	17,809,752	1,091,518	△6,671,056
投資活動による キャッシュ・フロー	百万円	1,260,881	△2,911,791	△7,498,249	△1,943,886	6,039,352
財務活動による キャッシュ・フロー	百万円	△620,628	418,479	47,571	△320,174	△294,845
現金及び現金同等物の 期末残高	百万円	52,080,083	55,123,166	65,641,797	64,836,471	64,265,790
従業員数 [外、平均臨時従業員数]	人	58,527 [9,143]	57,961 [8,434]	58,127 [8,063]	58,041 [7,709]	59,399 [7,210]
合算信託財産額	百万円	13,227,704	14,254,038	14,773,706	16,198,049	16,708,792

（注） 1　2021年度及び2022年度の潜在株式調整後1株当たり当期純利益金額につきましては，潜在株式を
　　　　　調整した計算により1株当たり当期純利益金額は減少しないので，記載しておりません。

　　　2　連結自己資本比率は，（期末純資産の部合計－期末非支配株主持分）を期末資産の部合計で除して

ⓟⓞⓘⓝⓣ **主要な経営指標等の推移**

　　　数年分の経営指標の推移がコンパクトにまとめられている。見るべき箇所は連結の売上，利益，株主資本比率の3つ。売上と利益は順調に右肩上がりに伸びているか，逆に利益で赤字が続いていたりしないかをチェックする。株主資本比率が高いとリーマンショックなど景気が悪化したときなどでも経営が傾かないという安心感がある。

算出しております。

3 連結自己資本利益率は，親会社株主に帰属する当期純利益を非支配株主持分控除後の期中平均連結純資産額で除して算出しております。

4 連結株価収益率につきましては，株式が非上場であるため，記載しておりません。

5 合算信託財産額は，「金融機関の信託業務の兼営等に関する法律」に基づき信託業務を営む連結会社毎の信託財産額を合算しております。なお，連結会社のうち，該当する信託業務を営む会社は，当行及び株式会社SMBC信託銀行です。

(2) 当行の当事業年度の前4事業年度及び当事業年度に係る主要な経営指標等の推移 …

回次		第16期	第17期	第18期	第19期	第20期
決算年月		2019年3月	2020年3月	2021年3月	2022年3月	2023年3月
経常収益	百万円	2,805,840	2,851,162	2,283,356	2,477,287	4,133,627
うち信託報酬	百万円	2,250	2,110	2,076	2,254	2,451
経常利益	百万円	649,647	483,944	436,062	745,950	865,797
当期純利益	百万円	477,367	317,381	338,036	546,294	634,154
資本金	百万円	1,770,996	1,770,996	1,770,996	1,770,996	1,770,996
発行済株式総数	千株	普通株式 106,248 優先株式 70	普通株式 106,248 優先株式 70	普通株式 106,248 優先株式 70	普通株式 106,248 優先株式 70	普通株式 106,248 優先株式 70
純資産額	百万円	7,962,185	7,496,219	8,065,866	7,546,483	7,394,955
総資産額	百万円	179,348,654	193,963,791	215,846,732	227,964,729	235,337,464
預金残高	百万円	116,091,103	119,973,324	134,685,582	141,015,245	149,948,880
貸出金残高	百万円	76,401,807	80,187,382	81,937,725	87,671,294	94,307,397
有価証券残高	百万円	24,336,638	27,058,633	36,487,225	38,238,579	32,210,394
1株当たり純資産額	円	74,939.34	70,553.71	75,915.18	71,026.79	69,600.63
1株当たり配当額 (うち1株当たり 中間配当額)	円	普通株式 3,284 (1,871)	普通株式 5,007 (4,589)	普通株式 2,475 (2,151)	普通株式 3,631 (3,222)	普通株式 4,385 (3,712)
1株当たり当期純利益金額	円	4,492.93	2,987.16	3,181.57	5,141.66	5,968.60
潜在株式調整後 1株当たり当期純利益金額	円	—	—	—	—	—
自己資本比率	％	4.44	3.86	3.74	3.31	3.14
自己資本利益率	％	6.01	4.11	4.34	6.99	8.48
株価収益率	倍	—	—	—	—	—
配当性向	％	73.09	167.61	77.79	70.61	73.46
株主総利回り	％	—	—	—	—	—
最高株価	円	—	—	—	—	—
最低株価	円	—	—	—	—	—
従業員数 〔外、平均臨時従業員数〕	人	28,482 〔7,382〕	27,957 〔7,011〕	28,104 〔6,742〕	27,851 〔6,442〕	27,839 〔5,984〕
信託財産額	百万円	3,842,641	4,261,245	4,484,901	4,622,304	5,108,905
信託勘定貸出金残高	百万円	477,094	662,844	671,654	751,760	1,070,590
信託勘定有価証券残高	百万円	1,330,384	1,164,251	922,114	889,179	900,799

(注) 1　第20期中間配当についての取締役会決議は2022年11月11日に行いました。

　　2　第16期に現物配当を実施しておりますが，1株当たり配当額及び配当性向に含めておりません。

　　3　潜在株式調整後1株当たり当期純利益金額につきましては，潜在株式が存在しないため，記載しておりません。

　　4　自己資本比率は，期末純資産の部合計を期末資産の部合計で除して算出しております。

　　5　自己資本利益率は，当期純利益を期中平均純資産額で除して算出しております。

　　6　株価収益率につきましては，株式が非上場であるため，記載しておりません。

　　7　配当性向は，当期普通株式配当金総額を，当期純利益で除して算出しております。

　　8　株主総利回り，最高株価及び最低株価につきましては，株式が非上場であるため，記載しておりません。

　　9　信託財産額は，「金融機関の信託業務の兼営等に関する法律」に基づく信託業務に係る信託財産額を記載しております。

2　沿革

1876年 7 月	・私盟会社三井銀行創立
1893年 6 月	・私盟会社三井銀行，合名会社に改組（資本金200万円）
1895年11月	・住友銀行創業（個人経営）
1909年11月	・合名会社三井銀行，株式会社に改組（資本金2,000万円）
1912年 3 月	・株式会社住友銀行設立（資本金1,500万円）
1936年12月	・兵庫県下主要7行の合併により株式会社神戸銀行設立
1940年12月	・大日本無尽株式会社設立
1943年 4 月	・株式会社三井銀行，株式会社第一銀行と合併し株式会社帝国銀行となる
1944年 8 月	・株式会社帝国銀行，株式会社十五銀行を合併
1945年 7 月	・株式会社住友銀行，株式会社阪南銀行と株式会社池田実業銀行を合併
1945年 7 月	・株式会社神戸銀行，信託業務の兼営を開始
1948年 4 月	・大日本無尽株式会社，日本無尽株式会社に商号変更
1948年10月	・株式会社帝国銀行，株式会社第一銀行を分離し株式会社帝国銀行となる
1948年10月	・株式会社住友銀行，株式会社大阪銀行に商号変更
1949年 5 月	・株式会社帝国銀行，東京証券取引所及び大阪証券取引所に株式を上場
1949年 5 月	・株式会社大阪銀行，大阪証券取引所及び東京証券取引所に株式を上場（その後，1950年4月札幌証券取引所，1989年3月名古屋証券取引所に株式を上場）
1951年10月	・日本無尽株式会社，株式会社日本相互銀行に商号変更
1952年12月	・株式会社大阪銀行，株式会社住友銀行に行名復帰
1954年 1 月	・株式会社帝国銀行，株式会社三井銀行に行名復帰

1960年4月	・株式会社神戸銀行，信託業務及び勘定を東洋信託銀行株式会社に譲渡
1965年4月	・株式会社住友銀行，株式会社河内銀行を合併
1968年4月	・株式会社三井銀行，株式会社東都銀行を合併
1968年12月	・株式会社日本相互銀行，普通銀行に転換し株式会社太陽銀行に商号変更
1973年10月	・株式会社神戸銀行と株式会社太陽銀行が合併し株式会社太陽神戸銀行となる
1986年10月	・株式会社住友銀行，株式会社平和相互銀行を合併
1989年1月	・株式会社住友銀行，ロンドン証券取引所に株式を上場
1990年4月	・株式会社三井銀行と株式会社太陽神戸銀行が合併し株式会社太陽神戸三井銀行となる
1992年4月	・株式会社太陽神戸三井銀行，株式会社さくら銀行に商号変更
1996年6月	・株式会社わかしお銀行設立（資本金400億円）
2001年4月	・株式会社さくら銀行と株式会社住友銀行が合併し株式会社三井住友銀行となる
2002年11月	・株式会社三井住友銀行，株式上場を廃止
2002年12月	・株式会社三井住友銀行が株式移転により完全親会社である株式会社三井住友フィナンシャルグループを設立し，その完全子会社となる
2003年3月	・株式会社三井住友銀行と株式会社わかしお銀行が合併し，新商号を株式会社三井住友銀行とする
2009年10月	・株式会社三井住友銀行が日興コーディアル証券株式会社（現SMBC日興証券株式会社）を完全子会社化（2016年10月，同社の全株式を株式会社三井住友フィナンシャルグループに現物配当したことにより，子会社から除外）
2019年6月	・監査等委員会設置会社へ移行
2023年3月末現在	連結子会社118社，持分法適用会社231社 当行の国内本支店524，国内出張所393，海外支店19，海外出張所24，海外駐在員事務所3

3　事業の内容

　当行グループ（当行及び当行の関係会社（うち連結子会社118社，持分法適用会社231社））は，銀行業務を中心とした金融サービスに係る事業を行っております。

　なお，当行グループは，お客さまの様々なニーズへの対応力をグループベースで一層強化するため，お客さまセグメント毎に事業戦略を立案・実行する枠組み

---

point **沿革**

どのように創業したかという経緯から現在までの会社の歴史を年表で知ることができる。過去に行った重要なM&Aなどがいつ行われたのか，ブランド名はいつから使われているのか，いつ頃から海外進出を始めたのか，など確認することができて便利だ。

を採用しております。

　各部門（「第5 経理の状況1連結財務諸表等（1）連結財務諸表注記事項（セグメント情報等）」に掲げる「セグメント情報」の区分と同一）における当行及び当行の関係会社の位置付け等を事業の系統図によって示すと次のとおりであります。

（□は連結子会社、○は持分法適用会社）

				ホールセール部門	リテール部門	グローバルバンキング部門	市場営業部門	本社管理
						報告セグメント（注）1		
（親会社）株式会社三井住友フィナンシャルグループ	株式会社三井住友銀行	銀行業	… 国内本支店524、海外支店19	◎	◎	◎	◎	◎
			主な関係会社					
			＜国内＞					
			□株式会社SMBC信託銀行			◎		◎
			○PayPay銀行株式会社（インターネット専業銀行）		◎			
			＜海外＞					
			□SMBC Bank International plc			◎		
			□三井住友銀行（中国）有限公司	◎		◎	◎	
			□PT Bank BTPN Tbk			◎		
			□SMBC Americas Holdings, Inc.（銀行持株会社）			◎		
			□Manufacturers Bank			◎		
			□Banco Sumitomo Mitsui Brasileiro S.A.			◎		
			□JSC Sumitomo Mitsui Rus Bank			◎		
			□SMBC Bank EU AG			◎		
			□Sumitomo Mitsui Banking Corporation Malaysia Berhad			◎	◎	
			○東亜銀行有限公司			◎		
			○ACLEDA Bank Plc.			◎		
		その他事業	主な関係会社					
			＜国内＞					
			□エー・アイ・キャピタル株式会社（投資運用業務、投資助言業務）					◎
			□NCore株式会社（情報処理サービス業務、コンサルティング業務）（注）2					◎
			□SMBCベンチャーキャピタル株式会社（ベンチャーキャピタル業務）	◎				
			□SMBCコンサルティング株式会社（経営相談業務、会員業務）	◎				
			□ジャパン・ペンション・ナビゲーター株式会社（確定拠出年金運営管理業務）					◎
			□ポケットカード株式会社（クレジットカード業務）		◎			
			□株式会社さくらケーシーエス（システム開発・情報処理業務）					◎
			□さくら情報システム株式会社（システム開発・情報処理業務）					◎
			＜海外＞					
			□SMBC Leasing and Finance, Inc.（リース業務）			◎		
			□SMBC Nikko Securities America, Inc.（証券業務）			◎		◎
			□SMBC Nikko Capital Markets Limited（証券業務）			◎	◎	
			□SMBC Capital Markets, Inc.（スワップ関連業務）			◎	◎	
			○SMBC Aviation Capital Limited（リース業務）			◎		

- 三井住友ファイナンス＆リース株式会社（リース業務）
- 住友三井オートサービス株式会社（リース業務）
- SMBC日興証券株式会社（証券業務）
- 三井住友カード株式会社（クレジットカード業務）
  - SMBCファイナンスサービス株式会社（クレジットカード業務、信販業務、トランザクション業務）
- SMBCコンシューマーファイナンス株式会社（消費者金融業務）
  - SMBC信用保証株式会社（信用保証業務）
- 株式会社日本総合研究所（シンクタンク業務、コンサルティング業務、システム開発・情報処理業務）
- 三井住友DSアセットマネジメント株式会社（投資運用業務、投資助言・代理業務）

（注）1　各社の該当する報告セグメントに◎を記載しております。
（注）2　NCore株式会社は、2023年4月28日に当行の保有する全ての株式が株式会社三井住友フィナンシャルグループに
　　　　譲渡されたことに伴い、当行の連結子会社から除外されております。

(point)　事業の内容

　　会社の事業がどのようにセグメント分けされているか，そして各セグメントではどのようなビジネスを行っているかなどの説明がある。また最後に事業の系統図が載せてあり，本社，取引先，国内外子会社の製品・サービスや部品の流れが分かる。ただセグメントが多いコングロマリットをすぐに理解するのは簡単ではない。

（参考）　当行の組織図　　　　　　　　　（2023年6月22日現在）

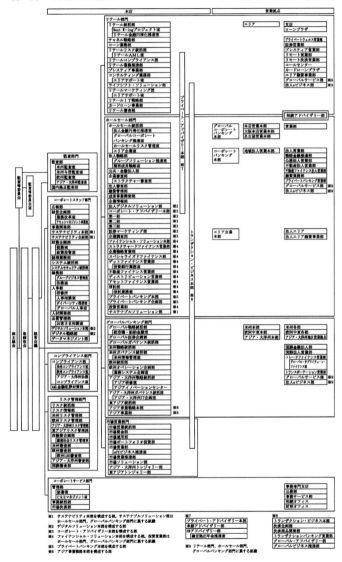

4 関係会社の状況

名称	住所	資本金又は出資金（百万円）	主要な事業の内容	議決権の所有（又は被所有）割合(%)	役員の兼任等（人）	資金援助	営業上の取引	設備の賃貸借	業務提携
（親会社） 株式会社三井住友フィナンシャルグループ	東京都千代田区	2,342,537	銀行持株会社	（被所有）100	15(11)	—	経営管理 金銭貸借関係 預金取引関係	当行から建物の一部を賃借	
（連結子会社） 株式会社SMBC信託銀行	東京都千代田区	87,550	銀行業	100	10(1)	—	金銭貸借関係 預金取引関係 業務委託関係	当行から建物の一部を賃借	
SMBC Bank International plc	英国ロンドン市	百万米ドル3,200	銀行業	100	5	—	コルレス関係 金銭貸借関係 預金取引関係	—	
三井住友銀行（中国）有限公司	中華人民共和国上海市	百万人民元10,000	銀行業	100	6	—	コルレス関係 金銭貸借関係 預金取引関係	—	
PT Bank BTPN Tbk	インドネシア共和国ジャカルタ市	百万インドネシアルピア162,982	銀行業	93.49	5	—	コルレス関係 金銭貸借関係 預金取引関係	—	
SMBC Americas Holdings, Inc.	アメリカ合衆国デラウエア州ウィルミントン市	米ドル2,730	銀行業（銀行持株会社）	100	4	—	預金取引関係	—	
Manufacturers Bank	アメリカ合衆国カリフォルニア州ロスアンゼルス市	千米ドル530,786	銀行業	100(100)	4(1)	—	コルレス関係 金銭貸借関係 預金取引関係	当行から建物の一部を賃借	
Banco Sumitomo Mitsui Brasileiro S.A.	ブラジル連邦共和国サンパウロ市	千ブラジルレアル1,559,699	銀行業	100	3	—	コルレス関係 金銭貸借関係 預金取引関係	—	
JSC Sumitomo Mitsui Rus Bank	ロシア連邦モスクワ市	百万ロシアルーブル6,400	銀行業	100(1)	3	—	コルレス関係 金銭貸借関係 預金取引関係	—	
SMBC Bank EU AG	ドイツ連邦共和国フランクフル	百万ユーロ5,100	銀行業	100	8	—	コルレス関係 金銭貸借関係 預金取引関係	—	
Sumitomo Mitsui Banking Corporation Malaysia Berhad	マレーシア国クアラルンプール市	百万マレーシアリンギット2,452	銀行業	100	3	—	コルレス関係 金銭貸借関係 預金取引関係	—	
エー・アイ・キャピタル株式会社	東京都千代田区	400	その他事業（投資運用業務、投資助言業務）	60	1	—	預金取引関係 業務委託関係	—	
NCore株式会社	東京都千代田区	10	その他事業（情報処理サービス業務、コンサルティング業務）	50.99	3	—	預金取引関係 業務委託関係	—	
SMBCバリュークリエーション株式会社	東京都港区	495	その他事業（コンサルティング業務）	100	6	—	預金取引関係 金銭貸借関係 業務委託関係	—	

名称	住所	資本金又は出資金(百万円)	主要な事業の内容	議決権の所有(又は被所有)割合(%)	役員の兼任等(人)	資金援助	営業上の取引	設備の賃貸借	業務提携
					当行との関係内容				
SMBCベンチャーキャピタル・マネジメント株式会社	東京都千代田区	643	その他事業(経営コンサルティング業務、投資運用業務)	40	4	—	預金取引関係	—	—
SMBCベンチャーキャピタル株式会社	東京都中央区	500	その他事業(ベンチャーキャピタル業務)	100(100)	10	—	金銭貸借関係 預金取引関係	—	—
株式会社SMBCリートマネジメント	東京都中央区	250	その他事業(投資運用業)	80	3	—	預金取引関係	—	—
株式会社SMBCキャピタル・パートナーズ	東京都千代田区	100	その他事業(投資業務)	100	6	—	預金取引関係	当行から建物の一部を賃借	—
SMBCコンサルティング株式会社	東京都中央区	1,100	その他事業(経営相談業務、会員事業)	50[1.63]	6	—	預金取引関係	当行から建物の一部を賃借	—
ジャパン・ペンション・ナビゲーター株式会社	東京都中央区	1,600	その他事業(確定拠出年金運営管理業務)	69.71	5	—	預金取引関係 業務委託関係	当行から建物の一部を賃借	—
SMBC債権回収株式会社	東京都中央区	1,000	その他事業(債権管理回収業務)	100	23	—	預金取引関係 業務委託関係	—	—
SMBC電子債権記録株式会社	東京都中央区	500	その他事業(電子債権記録業務)	100	6	—	預金取引関係	—	—
株式会社SMBCヒューマンキャリア	東京都千代田区	150	その他事業(人材紹介業務、人材派遣業務)	100	9	—	預金取引関係 業務取引関係	—	—
SMBC Leasing and Finance, Inc.	アメリカ合衆国デラウエア州ウィルミントン市	米ドル4,350	その他事業(リース業務)	100(100)	1	—	金銭貸借関係 預金取引関係	当行から建物の一部を賃借	—
SMBC Nikko Securities America, Inc.	アメリカ合衆国デラウエア州ウィルミントン市	米ドル655	その他事業(証券業務)	80(80)	4	—	預金取引関係 スワップ関連関係	当行から建物の一部を賃借	—
SMBC Nikko Capital Markets Limited	英国ロンドン市	百万米ドル1,138	その他事業(証券業務)	84.84	3	—	預金取引関係 スワップ関連 業務関係 金銭貸借関係	—	—
SMBC Capital Markets, Inc.	アメリカ合衆国デラウエア州ウィルミントン市	米ドル100	その他事業(スワップ関連業務)	100(100)	3	—	金銭貸借関係 預金取引関係	当行から建物の一部を賃借	—
SMBC DIP Limited	英領ケイマン諸島	米ドル1	その他事業(金融業務)	100	2	—	金銭貸借関係 預金取引関係	—	—

point 関係会社の状況

主に子会社のリストであり,事業内容や親会社との関係についての説明がされている。特に製造業の場合などは子会社の数が多く,すべてを把握することは難しいが,重要な役割を担っている子会社も多くある。有報の他の項目では一度も触れられていない場合が多いので,気になる会社については個別に調べておくことが望ましい。

名称	住所	資本金又は出資金(百万円)	主要な事業の内容	議決権の所有(又は被所有)割合(%)	役員の兼任等(人)	資金援助	営業上の取引	設備の賃貸借	業務提携
SFVI Limited	英領バージンアイランドロードタウン市	米ドル 9,600	その他事業(金融業務)	100	2	—	預金取引関係 業務委託関係	—	—
SMBC International Finance N.V.	オランダ領キュラソー	千米ドル 200	その他事業(金融業務)	100	1	—	金銭貸借関係 預金取引関係	—	—
Sumitomo Mitsui Finance Dublin Limited	アイルランド共和国ダブリン市	千米ドル 12,000	その他事業(金融業務)	100	—	—	金銭貸借関係 預金取引関係 業務委託関係	—	—
Sakura Finance Asia Limited	中華人民共和国香港特別行政区	千米ドル 65,500	その他事業(金融業務)	100	2	—	預金取引関係	—	—
SMBC Advisory Services Saudi Arabia LLC	サウジアラビア王国リヤド市	千サウジアラビアリヤル 18,000	その他事業(金融業務)	100	3	—	—	—	—
その他86社	—	—	—	—	—	—	—	—	—
(持分法適用関連会社)									
PayPay銀行株式会社	東京都新宿区	72,216	銀行業(インターネット専業銀行)	46.57	5	—	預金取引関係	—	—
東亜銀行有限公司	中華人民共和国香港特別行政区	百万香港ドル 38,804	銀行業	21.44	1	—	コルレス関係 金銭貸借関係 預金取引関係	—	(注)3
ACLEDA Bank Plc.	カンボジア王国プノンペン特別市	百万米ドル 433	銀行業	18.06	1	—	コルレス関係 金銭貸借関係 預金取引関係	—	(注)4
SMBC Aviation Capital Limited	アイルランド共和国ダブリン市	百万米ドル 2,249	その他事業(リース業務)	32	2 (1)	—	金銭貸借関係 預金取引関係	—	—
ポケットカード株式会社	東京都港区	14,374	その他事業(クレジットカード業務)	20	2	—	金銭貸借関係 預金取引関係	—	—
PT Oto Multiartha	インドネシア共和国ジャカルタ市	百万インドネシアルピア 928,707	その他事業(自動車販売金融業務)	35.10	2	—	金銭貸借関係 預金取引関係	—	—
PT Summit Oto Finance	インドネシア共和国ジャカルタ市	百万インドネシアルピア 2,442,060	その他事業(自動二輪車販売金融業務)	35.10	1	—	金銭貸借関係 預金取引関係	—	—
株式会社さくらケーシーエス	神戸市中央区	2,054	その他事業(システム開発・情報処理業務)	29.77 (1.25)	4	—	預金取引関係 業務委託関係	当行に建物の一部を賃貸	—
さくら情報システム株式会社	東京都港区	600	その他事業(システム開発・情報処理業務)	49	5	—	預金取引関係 業務委託関係	当行から建物の一部を賃借	—

名称	住所	資本金又は出資金（百万円）	主要な事業の内容	議決権の所有（又は被所有）割合(%)	役員の兼任等（人）	資金援助	営業上の取引	設備の賃貸借	業務提携
							当行との関係内容		
株式会社ブリースコーポレーション	東京都港区	100	その他事業（情報処理サービス業務）	49	3	—	預金取引関係	—	—
中郵創業基金管理株式有限公司	中華人民共和国北京市	百万人民元304	その他事業（投資運用業務、投資助言・代理業務）	23.67	—	—	—	—	—
スプリング・インフラストラクチャー・キャピタル株式会社	東京都千代田区	250	その他事業（投資業務）	24.50	1	—	預金取引関係業務委託契約	—	—
株式会社ことら	東京都中央区	1,700	その他事業（資金決済インフラの企画立案・運営業務）	25	1	—	預金取引関係	—	—
その他218社	—	—	—	—	—	—	—	—	—

(注) 1 「議決権の所有（又は被所有）割合」欄の（ ）内は子会社による間接所有の割合（内書き），[ ]内は緊密な者又は同意している者の所有割合（外書き）であります。

2 「当行との関係内容」の「役員の兼任等」欄の（ ）内は，当行の役員（内書き）であります。

3 当行は，東亜銀行有限公司との間で，相互に顧客を紹介し金融サービスを提供することにより，両行のビジネスチャンスの獲得及び顧客満足の向上を図ることを目的に，業務提携を行っております。

4 当行は，ACLEDA Bank PLC.との間で，カンボジア関連ビジネスにおける協働を行うことを目的に，業務提携を行っております。

5 上記関係会社のうち，特定子会社に該当する会社は，SMBC Bank International plc, SMBC Bank EUAG, SFVI Limitedであります。

6 上記関係会社のうち，有価証券報告書又は有価証券届出書を提出している会社は，株式会社三井住友フィナンシャルグループ，ポケットカード株式会社，株式会社さくらケーシーエスであります。

7 NCore株式会社は，2023年4月28日に当行の保有する全ての株式が株式会社三井住友フィナンシャルグループに譲渡されたことに伴い，当行の連結子会社から除外されております。

8 株式会社ブリースコーポレーションは，2023年4月28日に当行の保有する全ての株式が株式会社三井住友フィナンシャルグループに譲渡されたことに伴い，当行の持分法適用関連会社から除外されております。

5 従業員の状況

（1） 連結会社における従業員数 ···

（2023年3月31日現在）

セグメントの名称	ホールセール部門	リテール部門	グローバルバンキング部門	市場営業部門	本社管理	合計
従業員数 ［外、平均臨時従業員数］	7,074人 [132]	11,345人 [5,827]	32,965人 [48]	630人 [1]	7,385人 [1,202]	59,399人 [7,210]

（注）　従業員数は就業者数で記載しており，海外の現地採用者を含み，嘱託及び臨時従業員7,788人を含んでおりません。

（2） 当行の従業員数 ···

（2023年3月31日現在）

従業員数	平均年齢	平均勤続年数	平均年間給与
27,839人	39歳　　5月	16年　　1月	8,428千円

セグメントの名称	ホールセール部門	リテール部門	グローバルバンキング部門	市場営業部門	本社管理	合計
従業員数 ［外、平均臨時従業員数］	6,649人 [111]	11,261人 [5,799]	6,400人 [2]	630人 [1]	2,899人 [71]	27,839人 [5,984]

（注）1　従業員数は就業者数で記載しており，海外の現地採用者を含み，嘱託及び臨時従業員6,105人を含んでおりません。

　　　　　なお，取締役を兼務しない執行役員88人は従業員数に含めておりません。

　　　2　平均年間給与は，賞与及び基準外賃金を含んでおります。

　　　3　平均年齢，平均勤続年数，平均年間給与には，海外の現地採用者を含んでおりません。

　　　4　当行の従業員組合は，三井住友銀行従業員組合と称し，組合員数は20,919人であります。労使間においては特記すべき事項はありません。

1 経営方針，経営環境及び対処すべき課題等

　本項においては，将来に関する事項が含まれておりますが，当該事項は有価証券報告書提出日現在において判断したものであります。

（1）　経営方針，経営戦略等

①　経営方針

　当行をはじめ，三井住友フィナンシャルグループは，以下の経営理念のもと，中長期的に目指す姿である「最高の信頼を通じて，お客さま・社会とともに発展するグローバルソリューションプロバイダー」というビジョンの実現を目指してまいります。

　　○お客さまに，より一層価値あるサービスを提供し，お客さまと共に発展する。

　　○事業の発展を通じて，株主価値の永続的な増大を図る。

　　○勤勉で意欲的な社員が，思う存分にその能力を発揮できる職場を作る。

　　○社会課題の解決を通じ，持続可能な社会の実現に貢献する。

②　経営環境

　足許，世界経済は，ロシア・ウクライナ情勢によるエネルギー価格の高騰等による下押し圧力を受けながらも，新型コロナウイルス感染症の影響が和らぎ経済活動の正常化が進む中，総じて緩やかな回復基調にあります。わが国におきましても，「Withコロナ」の生活様式が浸透する中での個人消費の緩やかな増加，好調な企業収益等を背景とした積極的な設備投資の実施，訪日外国観光客の増加に伴うインバウンド需要の回復等を受け，景気の持ち直しが続いております。今後も，日本を含む世界経済は，緩やかな景気回復が続いていくと見込んでおります。

　一方で，地政学リスクの顕在化や経済安全保障の確保・強化の動きといった社会・経済のグローバル化の反転に加え，欧米を中心としたインフレや金利上昇等，これまで長く続いてきた経済・金融環境に大きな変化が生じており，よりその不確実性が高まっております。

　また，あらゆる分野においてデジタル化がますます加速し，デジタル完結型のサービスの拡大やIT・デジタル技術を活用したビジネス変革ニーズの高まり等，

(point) 従業員の状況

　　主力セグメントや，これまで会社を支えてきたセグメントの人数が多い傾向があるのは当然のことだろう。上場している大企業であれば平均年齢は40歳前後だ。また労働組合の状況にページが割かれている場合がある。その情報を載せている背景として，労働組合の力が強く，人数を削減しにくい企業体質だということを意味している。

企業活動や個人の消費行動が大きく変容しております。金融業界においても，プラットフォーマーやFintech，異業種との協業や，互いの業界への参入が活発に実施され，競争が複雑化・激化しております。同時に，様々な規制の見直しも行われており，新たなビジネスへの挑戦余地も生じております。

更に，世界が直面する社会課題についても，気候変動に加えて，人権や貧困，少子高齢化等，課題が多様化・深刻化しており，企業として幅広い社会課題に主体的に取り組むことがより一層求められております。

③　**経営戦略**

こうした大きな環境変化を踏まえ，当行をはじめ，三井住友フィナンシャルグループは，2023年度から3年間を計画期間とする中期経営計画「Plan for Fulfilled Growth」を策定しました。本中期経営計画では，グループの総合力を発揮してこれまでの取組みを更に進化させ，前向きにかつ力強く，「質の伴った成長」の実現を目指すべく，次の3つの基本方針を定めております。

第一に，「社会的価値の創造」です。新たな経営の柱の一つとして社会的価値の創造を据え，社会課題の解決を主導していくことにより，経済の成長とともに社会課題が解決に向かい，そこに生きる人々が幸福を感じられる「幸せな成長」，すなわち，FulfilledGrowthに貢献してまいります。第二に，「経済的価値の追求」です。経営資源を大胆に配分し，スピード感をもって各種施策を進めることにより，資本効率の向上を伴った，飛躍的な収益力の強化を図り，経済的価値を追求いたします。第三に，「経営基盤の格段の強化」です。当行をはじめ，三井住友フィナンシャルグループのあらゆる活動の礎であるお客さまをはじめとするステークホルダーからの信頼を得るべく，経営基盤の格段の強化を進めてまいります。

(point) **業績等の概要**

この項目では今期の売上や営業利益などの業績がどうだったのか，収益が伸びたあるいは減少した理由は何か，そして伸ばすためにどんなことを行ったかということがセグメントごとに分かる。現在，会社がどのようなビジネスを行っているのか最も分かりやすい箇所だと言える。

（2）　対処すべき課題

当行をはじめ，三井住友フィナンシャルグループでは，本中期経営計画で掲げた3つの基本方針のもと，次の取組みを進めてまいります。

① 社会的価値の創造：「幸せな成長」への貢献

当行をはじめ，三井住友フィナンシャルグループは，三井や住友が長きに亘り企業市民として脈々と受け継いできた，社会的価値の創造を目指す事業の精神を，グループの経営理念に反映しており，これまでもグループ各社が持つ様々な機能や商品・サービスを活用し，社会課題の解決に向けた活動に取り組んでまいりました。

しかし，近年，世界的な流れとして経済活動が優先され，社会的価値の創造が疎かにされてきたことで，環境問題や人権問題，貧困・格差等の社会課題が顕在化し，こうした喫緊の課題の解決に向けた取組みが企業経営の大きなテーマとなっております。足許では，社会的価値の創造が，企業にとっての競争の前提になっていることに加え，わが国では，少子高齢化が進み，低成長が続いていることから，日本の再成長に対する企業の貢献もますます重要になっております。

本中期経営計画のスタートにあわせ，「環境」「DE＆I（※）・人権」「貧困・格差」「少子高齢化」「日本の再成長」の5点を，当行をはじめ，三井住友フィナンシャルグループとして主体的に取り組むべき重点課題として定めました。これらの重点課題に対応して，グループを挙げてこれまでの活動を更に拡大させ，社会的価値を創造し，これを社会への還元に向けていくことで，社会全体や人々を持続的

に豊かにし，「幸せな成長」に貢献していく方針です。また，今後，従業員一人
ひとりが重点課題に主体的に取り組むことを通じて働きがいを感じられるよう，
社会的価値の創造に向けた参画意識をより一層高めてまいります。

（※）　Diversity（ダイバーシティ，多様性），Equity（エクイティ，公正性），Inclusion（インクルージョン，
　　　包括性）の3つを合わせた概念。個々の異なる状況や特性に応じて，企業が適切なサポートを行い，
　　　多様な人材がその能力を最大限発揮できる環境を整備すること。

②　経済的価値の追求：Transformation & Growth

　当行をはじめ，三井住友フィナンシャルグループは，前中期経営計画に続き
「Transformation & Growth」をキーワードに掲げ，これまでの成長投資や施策の
成果を着実に実現させるとともに，大きな環境変化を踏まえた不断のビジネスモ
デル改革と，海外重点戦略領域におけるフランチャイズの確立に向けた取組みを
進めてまいります。これにより，事業ポートフォリオを変革し，資本効率の向上
を伴った力強い収益力の強化を目指してまいります。

　基本的な考え方としては，次の3点です。

　Ⅰ．金利上昇も見据えた国内ビジネス改革

　　国内ビジネスにおいて，今後の金利上昇の可能性も見据え，デジタル化や決
　済ビジネスの強化，営業体制の見直し等を通じて，より効果的に顧客基盤を拡
　充しつつ，安定的かつ効率的なビジネスモデルを再構築してまいります。

　Ⅱ．アセット依存ビジネスからの脱却

　　お客さまに対して資金面のご支援，すなわち，当行をはじめ，三井住友フィ
　ナンシャルグループの資産を拡大させるビジネスのみによらず，お客さまのリ
　スクに対する多様な解決策の提供や手数料ビジネスの強化を進めることで，資
　本効率の向上を図ってまいります。

　Ⅲ．成長性を踏まえたグローバルポートフォリオの構築

　　海外ビジネスにおいて，ポートフォリオの入替えを進めることで資本効率を
　向上させながら，米国事業の拡大と，アジアにおける第2，第3のSMBCグルー
　プの確立を目指す「マルチフランチャイズ戦略」を中心に，グループを牽引す
　る力強い成長を目指してまいります。

　そのうえで，これらの基本的な考え方に基づき定めた，次の7つの「重点戦略
領域」において，グループ間の更なる連携を通じた相乗効果の追求，時機を捉え

た適切なリスクテイク，新たなチャレンジやイノベーションを重視して取組みを
進めてまいります。

③　経営基盤の格段の強化：Quality builds Trust

　当行をはじめ，三井住友フィナンシャルグループは，前中期経営計画では，
「Quality」をキーワードに掲げ，経営基盤の質の向上に取り組んでまいりました。
本中期経営計画では，改めて「Quality builds Trust」をキーワードに掲げ，お客
さまをはじめとするステークホルダーからの信頼を得るべく，経営基盤の格段の
強化に取り組んでまいります。

　まず，昨年，当行をはじめ，三井住友フィナンシャルグループが受けた行政処
分等を踏まえて，経営の大前提である，健全な組織文化の更なる浸透とコーポレー
トガバナンス・コンプライアンスの質の向上に，グループを挙げて取り組んでま
いります。また，グループ役職員の規律意識醸成に向けた取組みや，IT投資や人
材投入を通じた内部管理体制の強化を，グループ・グローバルベースで進めてま
いります。

　加えて，不透明な環境下で，環境の変化への機動的な対応力のある事業運営を
実現するため，リスク分析力やリスクコントロール力の向上を図ってまいります。
更に，ビジネスモデルの拡大や高度化を実現するための，多様で優秀な人材の確
保・育成に向けた人的資本投資と人材マネジメントの強化，従来にない大規模か

つ積極的なIT投資を通じたシステムインフラの増強に取り組み，経営基盤の質の向上を進めてまいります。

当行をはじめ，三井住友フィナンシャルグループは，これらの取組みにおいて着実な成果をお示ししたいと考えております。

2　事業等のリスク

当行及び当行グループの事業その他に関するリスクについて，投資者の判断に重要な影響を及ぼす可能性があると考えられる主な事項や，その他リスク要因に該当しない事項であっても，投資者の投資判断上，重要であると考えられる事項について記載しております。また，これらのリスクは互いに独立するものではなく，ある事象の発生により他の様々なリスクが増大する可能性があることについてもご留意ください。なお，当行は，これらリスクの発生可能性を認識したうえで，発生を回避するための施策を講じるとともに，発生した場合には迅速かつ適切な対応に努める所存であります。

本項においては，将来に関する事項が含まれておりますが，当該事項は有価証券報告書提出日現在において判断したものであります。

（1）　経営環境等に関するリスク

当行グループを取り巻く経営環境が大きく変動した場合，当行グループの経営成績及び財政状態に影響を及ぼす可能性があります。具体的には以下の通りであります。

①　近時の国内外の経済金融環境

当行グループは，国際金融市場の変動や国内外の景気の下振れ，資源価格の急激な変動等の国内外の金融経済環境の変動に対して，リスク管理体制の整備・高度化も含めた様々な対応策を講じております。しかしながら，当行グループの想定を上回る変動が生じた場合には，後記「（2）当行グループの業務に内包されるリスク」に記載の信用リスク，市場リスク及び流動性リスク等が顕在化し，当行グループの経営成績及び財政状態に影響を及ぼす可能性があります。

② **ロシア・ウクライナ情勢の深刻化・長期化に関するリスク** ··················

　2022年2月に発生したロシアによるウクライナへの侵攻に対し，日本，米国，欧州などの世界各国で対ロシア制裁措置が講じられたこと，また，ロシアによる西側諸国への対抗措置が講じられたこと等で，ロシア・ウクライナ両国における市民生活や経済活動に甚大な影響が生じております。

　当行グループでは，こうしたロシア・ウクライナをめぐる現下の国際情勢に起因する不透明な事業環境を踏まえて，後記「第5 経理の状況 1 連結財務諸表等注記事項（追加情報）1 ウクライナをめぐる現下の国際情勢の影響に係る貸倒引当金の見積りについて」に記載のとおり，ロシア関連与信に対して貸倒引当金を計上しております。また，当行の持分法適用会社であるSMBC Aviation Capital Limitedにおいて，当連結会計年度にロシア向け航空機リース資産の減損を実施しております。

　ロシア・ウクライナ情勢については，現時点で収束が見込み難く，その影響が深刻化・長期化した場合，又は資源価格の更なる高騰やサプライチェーンの混乱を通じた世界経済への悪影響が想定以上に大きくなる場合には，更なる与信関連費用の発生や追加減損の実施等，当行グループの経営成績及び財政状態に影響を及ぼす可能性があります。

③ **災害等の発生に関するリスク** ···

　当行グループは，国内外の店舗，事務所，電算センター等の施設において業務を行っておりますが，これらの施設が，地震等の自然災害，停電，テロ等による被害を受けた場合，または各種感染症の流行により多数の従業員が罹患した場合には，業務継続が困難となる可能性があります。

　当行グループは，不測の事態に備えたコンティンジェンシープランを策定しておりますが，これらの施設への被害や従業員の罹患状況によっては，業務が停止し，当行グループの業務運営や経営成績及び財政状態に影響を及ぼす，または戦略遂行に支障が生じる可能性があります。

　加えて，大規模な災害等の発生や感染症の流行等により，金融市場の混乱や国内外の経済が悪化した場合，当行グループが保有する金融商品において減損又は

評価損の発生や，お客さまの業況悪化等による与信関連費用及び不良債権残高増加等，当行グループの経営成績及び財政状態に影響を及ぼす可能性があります。

④　サステナビリティに関するリスク ・・・

　当行をはじめ，三井住友フィナンシャルグループは，前記「2 サステナビリティに関する考え方及び取組」に記載のとおり，サステナビリティの実現に向けた様々な取組を行っております。

　当行をはじめ，三井住友フィナンシャルグループの，「気候変動」「自然資本・生物多様性」「人権」のサステナビリティに関する具体的なリスク認識については，前記「2 サステナビリティに関する考え方及び取組 (3) 戦略」，リスク管理体制については，前記「2 サステナビリティに関する考え方及び取組 (4) リスク管理」に記載しております。

⑤　他の金融機関等との競争 ・・・

　当行グループは，国内外の銀行，証券会社，政府系金融機関，ノンバンク等との間で熾烈な競争関係にあります。また，今後も国内外の金融業界において金融機関同士の統合や再編，業務提携が行われる可能性や，フィンテック等の新技術の台頭により競争環境に変化が生じる可能性，他業種から金融業への進出が加速する可能性があることに加え，金融機関に対する規制や監督の枠組みがグローバルに変更されること等により競争環境に変化が生じる可能性があります。こうした競争環境の変化も踏まえ，当行をはじめ，三井住友フィナンシャルグループでは，2025年度までの3年間を計画期間とする中期経営計画を策定の上，様々な戦略や施策を実行してまいりますが，当行グループが競争優位を確立できない場合には，当行グループの経営成績及び財政状態に影響を及ぼす可能性があります。

⑥　各種の規制及び法制度等の変更 ・・・

　当行グループが国内外において業務を行う際には，様々な法律，規則，政策，実務慣行，会計制度及び税制等の適用を受けております。当行グループではこれらの規制・法制度の動向を随時モニタリングし，適切な対応を行っておりますが，

これらが変更された場合や新たな規制等が導入された場合に，当行グループの業務運営，経営成績及び財政状態に影響を及ぼす可能性があります。

イ．自己資本比率規制

当行には，バーゼル銀行監督委員会が公表したバーゼルⅢに基づく自己資本比率規制が適用されております。また，バーゼルⅢの見直しに係る最終規則文書がバーゼル銀行監督委員会より公表され，当該見直し後の自己資本比率規制の実施時期については，国際情勢や関係者との対話を踏まえ，国際統一基準行等は，2024年3月，内部モデルを採用しない国内基準行は，2025年3月とすることが，2022年3月に金融庁より公表されております。

当行は海外営業拠点を有しておりますので，連結自己資本比率及び単体自己資本比率を平成18年金融庁告示第19号に定められる国際統一基準以上に維持する必要があります。

加えて，当行の連結子会社のうち海外営業拠点を有していない株式会社SMBC信託銀行は，平成18年金融庁告示第19号に定められる国内基準以上に自己資本比率を維持する必要があります。

当行をはじめ，三井住友フィナンシャルグループでは，2025年度までの3年間を計画期間とする中期経営計画の中で，バーゼルⅢの見直しに係る最終規則文書に則った普通株式等Tier1比率（※）で10％程度を確保することを財務目標の一つとして掲げております。また当行及び株式会社SMBC信託銀行においても，十分な資本水準の維持に努めております。

しかしながら，当行又は株式会社SMBC信託銀行の自己資本比率が上記の基準を下回った場合，金融庁から，自己資本の充実に向けた様々な実行命令を自己資本比率に応じて受けるほか，業務の縮小や新規取扱いの禁止等を含む様々な命令を受けることになります。また，海外銀行子会社については，現地において自己資本比率規制が適用されており，現地当局から様々な規制及び命令を受けることになります。その場合，業務が制限されること等により，取引先に対して十分なサービスを提供することが困難となり，その結果，当行グループの経営成績及び財政状態に影響を及ぼす可能性があります。

（※）その他有価証券評価差額金を除く

ロ．TLAC規制他

2015年11月，金融安定理事会（FSB）はG－SIBsに対して適用される新たな規制である総損失吸収力（TLAC）規制の枠組みを公表いたしました。2019年3月より，本邦における当該規制の適用が開始され，三井住友フィナンシャルグループは，一定比率以上の総損失吸収力（TLAC）を維持することが求められております。

また，バーゼル銀行監督委員会は，2010年12月に，銀行の流動性に関する国際的な基準の詳細を示す「バーゼルⅢ：流動性リスク計測，基準，モニタリングのための国際的枠組み」を公表しており，新たな規制である流動性カバレッジ比率（LCR）が適用されているほか，安定調達比率（NSFR）についても，2014年10月に最終規則文書が公表され，2021年9月末より本邦でも導入されております。

2017年12月には，バーゼルⅢの見直しに係る最終規則文書の中で，G－SIBsに対する追加的要件を含むレバレッジ比率規制の枠組みが最終化されており，2019年3月から三井住友フィナンシャルグループを含む国際統一基準行に対して導入されているレバレッジ比率の最低比率基準について，一定の上乗せ幅（レバレッジ・バッファー）が求められる措置が2023年3月末から適用されております。

こうした金融規制強化の動向を踏まえ，当行をはじめ，三井住友フィナンシャルグループでは，強靭な資本基盤の構築等の施策に取り組んでおりますが，これらの施策が，企図するとおりの十分な成果を発揮しない可能性があります。

ハ．LIBOR等の金利指標に関するリスク

当行グループは，お客さまの多様なニーズに的確にお応えするために各種金融サービスを提供しておりますが，これらの中にはロンドン銀行間取引金利（LIBOR）等の金利指標を参照する金融商品が含まれております。また，当行グループは，金利リスク・為替リスクのコントロールの観点から，このような金利指標を参照する金融商品を保有しております。

2011年以降に顕在化した，一連のLIBOR不正操作問題などを背景に，2017年7月には，英国の金融行動監視機構（FCA）長官が，2021年末以降は

LIBOR維持のためにパネル行にレート呈示を強制する権限を行使しない旨を表明いたしました。この表明を受け，日本を初めとする各国において，LIBORの公表停止に向けた取組が進められました。具体的には，2021年3月に，FCA及びLIBOR運営機関であるICE Benchmark Administrationが公表した，現行のパネル行が呈示するレートに基づき算出するLIBORの公表停止時期に従い，日本円，英ポンド，ユーロ，スイスフランの全ての公表対象期間と米ドルの一部の公表対象期間（1週間物，2ヶ月物）については，2021年12月末をもって既に公表停止された他，米ドルの残りの公表対象期間については，2023年6月末をもって，公表が停止される予定です。

当行グループでは，全社的な取組として，適切な社内ガバナンス体制の下，お客さまへの対応や内部管理の高度化，システム開発等の対応をグループ横断的に行っております。2023年6月末に公表が停止される予定の米ドルの残りの公表対象期間に係るLIBORを参照する契約につきましても，代替金利指標への移行等，お客さまへの対応を適切に進めておりますが，その対応が十分ではない場合，お客さまとの取引等に悪影響を及ぼす可能性があります。また，参照金利の変更により，当行グループの保有する金利指標を参照する金融商品に損失が発生する可能性があります。これらの結果，当行グループの経営成績及び財政状態に影響を及ぼす可能性があります。

（2） 当行グループの業務に内包されるリスク

当行グループは，銀行業務を中心としたグループ会社群によって構成されており，これらの会社で相互に協働して営業活動を行っておりますが，業務遂行にあたり以下のようなリスクを認識しております。

① 信用リスク

信用リスクとは，与信先の財務状況の悪化等のクレジットイベント（信用事由）に起因して，資産（オフバランス資産を含む）の価値が減少又は滅失し，損失を被るリスクであります。当行グループでは，後記「第5 経理の状況 1 連結財務諸表等注記事項（金融商品関係）1 金融商品の状況に関する事項（3）金融商品に係るリスク管理体制 ① 信用リスクの管理」に記載のとおり，適切なリスク管理体

制を構築しておりますが，取引先の業況の悪化やカントリーリスクの高まり等に伴い，幅広い業種で貸倒引当金及び貸倒償却等の与信関係費用や不良債権残高が増加し，当行グループの経営成績及び財政状態に影響を及ぼす可能性があります。

イ．取引先の業況の悪化

当行グループの取引先の中には，当該企業の属する業界が抱える固有の事情等の影響を受けている企業がありますが，国内外の経済金融環境及び特定業種の抱える固有の事情の変化等により，当該業種に属する企業の財政状態が悪化する可能性があります。また，当行グループは，債権の回収を極大化するために，当行グループの貸出先に対する債権者としての法的権利を必ずしも行使せずに，状況に応じて債権放棄，デット・エクイティ・スワップ又は第三者割当増資の引受，追加貸出等の金融支援を行うことがあります。これら貸出先の信用状態が悪化する，又は企業再建が奏功しない場合には，当行グループの与信関係費用や不良債権残高が増加する可能性があります。

ロ．他の金融機関における状況の変化

世界的な市場の混乱等により，国内外の金融機関の経営状態が悪化し，資金調達及び支払能力等に問題が生じた場合には，当行グループが問題の生じた金融機関への支援を要請される可能性がありますが，当該金融機関の信用状態に改善が見られない場合には，当行グループの与信関係費用や不良債権残高が増加する可能性があります。また，他の金融機関による貸出先への融資の打ち切りや回収があった場合にも，当該貸出先の経営状態の悪化により，当行グループの与信関係費用や不良債権残高が増加する可能性があり，それらの結果，当行グループの経営成績及び財政状態に影響を及ぼす可能性があります。

② **市場リスク** ··

市場リスクとは，金利・為替・株式等の相場が変動することにより，金融商品の時価が変動し，損失を被るリスクであります。当行グループでは，後記「第5 経理の状況 1 連結財務諸表等注記事項（金融商品関係）1 金融商品の状況に関する事項 (3) 金融商品に係るリスク管理体制 ② 市場リスク・流動性リス

クの管理」に記載のとおり，適切なリスク管理体制を構築しておりますが，急激な相場の変動等により，保有する金融資産で多額の評価損・減損等が発生し，結果として当行グループの経営成績及び財政状態に影響を及ぼす可能性があります。

イ．金利変動リスク

　　当行グループは，国債等の市場性のある債券やデリバティブ等の金融商品を保有しております。これらは金利変動によりその価格が変動するため，主要国の金融政策の変更や，債券等の格付の低下，世界的な市場の混乱や金融経済環境の悪化等により金利が変動した場合，多額の売却損や評価損等が発生し，当行グループの経営成績及び財政状態に影響を及ぼす可能性があります。

ロ．為替変動リスク

　　当行グループは，保有する外貨建資産及び負債について，必要に応じて，為替リスクを回避する目的からヘッジ取引を行っておりますが，為替レートが急激に大きく変動した場合等には，多額の為替差損等が発生し，当行グループの経営成績及び財政状態に影響を及ぼす可能性があります。

ハ．株価変動リスク

　　当行グループは，市場性のある株式等，大量の株式を保有しております。国内外の経済情勢や株式市場の需給関係の悪化，発行体の経営状態の悪化等により株価が低下する場合には，保有株式に減損又は評価損が発生し，当行グループの経営成績及び財政状態に影響を及ぼす可能性があります。また，当行グループは，大幅な株価下落をもたらすストレス環境下においても十分に金融仲介機能を発揮できる財務基盤を確保する観点から，政策保有株式の削減計画を策定し，本計画に取り組んでおります。この株式削減に伴い，売却損失が発生する可能性があるほか，取引先が保有する三井住友フィナンシャルグループの株式が売却されることで株価に悪影響を及ぼす可能性があります。

③　流動性リスク ‥‥‥‥‥‥‥‥‥‥‥‥‥‥‥‥‥‥‥‥‥‥‥‥‥‥‥‥‥‥‥‥‥‥‥

　　流動性リスクとは，運用と調達の期間のミスマッチや予期せぬ資金の流出により，決済に必要な資金調達に支障をきたす，もしくは通常より著しく高い金利で

の調達を余儀なくされるリスクです。当行グループでは，後記「第5 経理の状況 1 連結財務諸表等注記事項（金融商品関係）1 金融商品の状況に関する事項（3）金融商品に係るリスク管理体制 ② 市場リスク・流動性リスクの管理」に記載のとおり，適切なリスク管理体制を構築しておりますが，当行グループ各社の格付が低下した場合には，当行グループの国内外における資本及び資金調達の条件が悪化する，もしくは取引が制約される可能性があります。また，世界的な市場の混乱や金融経済環境の悪化等の外部要因によっても，当行グループの国内外における資本及び資金調達の条件が悪化する，もしくは取引が制約される可能性があります。このような事態が生じた場合，当行グループの資本及び資金調達費用が増加したり，外貨資金調達等に困難が生じたりする等，当行グループの経営成績及び財政状態に影響を及ぼす可能性があります。

④　**オペレーショナルリスク** ‥‥‥‥‥‥‥‥‥‥‥‥‥‥‥‥‥‥‥‥‥‥‥‥‥‥

　オペレーショナルリスクとは，内部プロセス・人・システムが不適切であること，もしくは機能しないこと，又は外生的事象が生起することから生じる損失にかかるリスクであり，具体的には，以下の通りであります。

イ．事務リスク

　当行グループは，事務に関する社内規程等の整備，事務処理のシステム化，本部による事務指導及び事務処理状況の点検等により適正な事務の遂行に努めておりますが，役職員等が事務に関する社内規程等に定められたとおりの事務処理を怠る，あるいは事故・不正等を起こした場合には，当行グループの経営成績及び財政状態に影響を及ぼす可能性があります。

ロ．情報システム・サイバー攻撃に関するリスク

　当行グループが業務上使用している情報システムにおいては，安定的な稼働を維持するためのメンテナンス，バックアップシステムの確保等の障害発生の防止策を講じ，また，不測の事態に備えたコンティンジェンシープランを策定し，システムダウンや誤作動等の障害が万一発生した場合であっても安全かつ速やかに業務を継続できるよう体制の整備に万全を期しております。しかしながら，これらの施策にもかかわらず，品質不良，人為的ミス，サイバー攻撃等外部か

らの不正アクセス，コンピューターウィルス，災害や停電，テロ等の要因によって，情報システムに，システムダウン，誤作動，不備，不正利用を含む障害が発生する可能性があります。

　特に，近年のデジタル技術の著しい発展により，インターネットやスマートフォンを利用した取引が増加している一方，サイバー攻撃手法の高度化・巧妙化は急速に進展しており，金融機関をとりまくサイバーリスクはより一層深刻化しております。加えて，取引先や業務委託先等の第三者のシステムを経由したサイバーリスクにも直面しております。

　以上の認識の下，当行をはじめ，三井住友フィナンシャルグループは，経営主導でサイバー攻撃に対するセキュリティ対策の強化をより一層推進することを定めた「サイバーセキュリティ経営宣言」を策定しており，経営会議・取締役会での議論・検証の下，適切なリソースを配分するほか，サイバーセキュリティ専担組織を設置し，外部機関と連携した脅威情報の収集，24時間365日監視体制の構築，サイバー攻撃に対する多層防御やウイルス侵入も想定したセキュリティ対策の導入等，継続的なレベルアップ施策を講じてきておりますが，これらの方策も最新の攻撃に対しては万全でない可能性があります。

　これらの要因により，当行の情報システムに障害が発生した場合，当行グループの経営成績及び財政状態に影響を及ぼす可能性があります。

ハ．お客さまに関する情報の漏洩

　当行グループは，情報管理に関する規程及び体制の整備や役職員に対する教育の徹底等により，お客さまに関する情報の管理には万全を期しております。また，業務委託先である外部業者が，お客さまに関する情報を取り扱う場合には，外部業者の情報管理体制やシステムセキュリティ管理体制を検証し，情報管理が適切になされていることを確認しております。しかしながら，内部又はサイバー攻撃等外部からのコンピューターへの不正アクセスや，役職員や外部業者等の人為的ミス，事故，不正等が原因で，お客さまに関する情報が外部に漏洩した場合，お客さまからの損害賠償請求やお客さま及び市場等からの信頼失墜等により，当行グループの経営成績及び財政状態に影響を及ぼす可能性があります。

二．重要な訴訟等

当行グループは，国内外において，銀行業務を中心とした金融サービスを行うグループ会社群によって構成されており，付加価値の高い金融サービスを幅広く提供しております。こうした業務遂行の過程で，損害賠償請求訴訟等を提起されたり，損害に対する補償が必要となる可能性があります。当行グループでは，訴訟が提起された場合等においては，弁護士の助言等に基づき，事態の調査を行い，適切な対応方針を策定の上，代理人を選任し，適切に訴訟手続を遂行しております。また，経営に重大な影響を与えると認められる訴訟等については，監査等委員会，取締役会及び経営会議に報告しております。しかしながら，これらの取組にも関わらず，訴訟等の結果によっては，当行グループの経営成績及び財政状態に影響を及ぼす可能性があります。

⑤　コンダクトリスク ･･

コンダクトリスクとは，法令や社会規範に反する行為等により，顧客保護・市場の健全性・公正な競争・公共の利益及び当行グループのステークホルダーに悪影響を及ぼすリスクを指します。当行グループは，経営上の重大なリスクを特定・評価し，コントロール策によるリスクの低減・制御を図っております。また，役職員に対する研修等を通じ，健全なリスクカルチャーの浸透・醸成に努めております。しかしながら，これらの取組にも関わらず，役職員等の不適切な行為が原因で，市場及び公共の利益等に悪影響を与えた場合，お客さま及び市場等からの信用失墜等により，当行グループの経営成績及び財政状態に影響を及ぼす可能性があります。なお，当該リスクの内，法令等に違反するリスク，経済制裁対象国との取引に係るリスクについては以下のとおりであります。

イ．法令等に違反するリスク

当行グループは業務を行うにあたり，会社法，銀行法，独占禁止法，金融商品取引法，貸金業法，外為法，犯罪収益移転防止法及び金融商品取引所が定める関係規則等の各種法規制の適用を受けております。また，海外においては，それぞれの国や地域の規制・法制度の適用，及び金融当局の監督を受けております。加えて，各国当局は，マネー・ローンダリング及びテロ資金供与防止に

関連し，FATF等の国際機関の要請に基づいた各種施策を強化しており，当行グループは，国内外で業務を行うにあたり，これらの各国規制当局による各種規制の適用を受けております。さらに，当行の親会社である三井住友フィナンシャルグループは，米国証券取引所上場会社として，米国サーベンス・オクスリー法や米国証券法，米国海外腐敗行為防止法等の各種法制の適用を受けております。

　当行グループは，法令その他諸規則等を遵守すべく，コンプライアンス体制及び内部管理体制の強化を経営上の最重要課題のひとつとして位置付け，グループ各社の役職員等に対して適切な指示，指導及びモニタリングを行う体制を整備するとともに，不正行為の防止・発見のために予防策を講じております。しかしながら，当行グループにおいて，法令その他諸規則等を遵守できなかった場合，法的な検討が不十分であった場合又は予防策が効果を発揮せず役職員等による不正行為が行われた場合には，不測の損失が発生したり，行政処分や罰則を受けたり，業務に制限を付されたりするおそれがあり，また，お客さまからの損害賠償請求やお客さま及び市場等からの信頼失墜等により，当行グループの経営成績及び財政状態に影響を及ぼす可能性があります。

　なお，三井住友フィナンシャルグループの連結子会社であるSMBC日興証券株式会社が，当行との間において，法人顧客から情報共有の停止を求められていること又は情報共有の同意を得ていないことを認識しながら，当該法人顧客に関する非公開情報の授受を行ったことに関して，10月7日に当行に対して報告徴求命令が，三井住友フィナンシャルグループに対して報告徴求命令が，SMBC日興証券株式会社に対して業務改善命令が，金融庁よりそれぞれ発令されました。そして，これらの行政処分及び報告徴求命令に基づき，当行，三井住友フィナンシャルグループ及びSMBC日興証券株式会社は，11月4日に報告書を金融庁へ提出いたしました。

　これらの事態を踏まえ，当行グループでは，再発防止に向けて，経営管理体制，内部管理体制及び顧客情報管理体制の抜本的な強化や，健全な組織文化・コンプライアンス意識の醸成に努めております。

　具体的には，当行におきまして，銀証連携ビジネスに関するリスク認識の向

上を図るために研修機会を充実させたほか，顧客情報管理に関する体制強化に向け，モニタリング体制の高度化や，非公開情報の取扱いに関するルールの整備等に取り組んでおります。

今後も改善計画に基づく施策を着実に進めていくことで，お客さま及び市場等からの信頼回復に努めてまいりますが，信頼回復までに時間を要した場合，ビジネス機会の喪失等が発生する可能性があります。これらにより当行グループの経営成績及び財政状態に悪影響を及ぼす可能性があります。

ロ．経済制裁対象国との取引に係るリスク

本邦を含む各国当局は，経済制裁対象国や特定の団体・個人等との取引を制限しております。例えば，米国関連法規制の下では，米国政府が経済制裁対象国と指定している国等と米国人（米国内の企業を含む）が事業を行うことを，一般的に禁止又は制限しております。また，米国政府は，イラン制裁関連法制等により，米国以外の法人，個人に対しても，イランの指定団体や指定金融機関との取引等を規制しております。当行グループは，本邦・米国を含む各国の法規制を遵守する体制を整備しておりますが，既に米国財務省外国資産管理室（OFAC）に自主開示している取引を含めて，当行グループが行った事業が法規制に抵触した場合には，関連当局より過料等の処分を受ける可能性や厳しい行政処分等を受ける可能性があります。なお，取引規模は限定的でありますが，当行の銀行子会社の米国以外の拠点において，米国法令等を含む各国関連法規の遵守を前提として，経済制裁対象国と銀行間取引を行う場合があり，経済制裁対象国との取引が存在すること等により当行グループの風評が悪化し，お客さまや投資者の獲得あるいは維持に支障を来す可能性があります。それらにより，当行グループの業務，経営成績及び財政状態に影響を及ぼす可能性があります。

⑥ **決済リスク** ....

当行グループは，国内外の多くの金融機関と多様な取引を行っております。大規模なシステム障害や災害が発生した場合，政治的な混乱等により取引相手である金融機関の決済が行われないような事態等が発生した場合，又は金融システム

不安が発生した場合に，金融市場における流動性が低下する等，決済が困難になるリスクがあります。また，非金融機関の取引先との一定の決済業務においても取引先の財政状態の悪化等により決済が困難になるリスクがあります。

当行グループでは，勘定系システム等の重要なシステムについては，バックアップサーバーを東日本・西日本に分散して設置するとともに，定期的な訓練を実施する等，システム障害や災害発生時に迅速に対応できる体制の構築に努めているほか，日中の流動性について，定期的なモニタリングやストレステストの実施等，当行グループの決済が滞らないよう管理する体制を構築しております。

しかしながら，想定を上回る事態が発生した場合には，決済が困難になることで，当行グループの経営成績及び財政状態に影響を及ぼす可能性があります。

⑦ レピュテーショナルリスク

当行グループでは，レピュテーショナルリスクが顕在化するおそれがある事態に関する情報を適切に収集すると共に，このような事態に対して適切な措置を講ずることにより，リスクの制御及び削減に努めております。しかしながら，これらの取組みにも関わらず，当行グループの事業や従業員その他関係者の行為により，お客さまや株主をはじめとするステークホルダーからの高い期待に応えられず，当行グループの企業価値の毀損や信頼低下に繋がる可能性があります。

⑧ モデルリスク

モデルリスクとは，モデル（※）の開発若しくは実装での作業ミス，または，モデルの前提や限界を超えた利用等により，経営判断・業務判断等を誤り，損失・不利益を被るリスクを指します。当行グループでは，リスク管理や時価評価等にモデルを活用しており，モデルの開発・使用等の各プロセスに応じた適切な管理を実施することで，モデルリスクの低減を図っておりますが，モデル開発時の想定を超えた金融経済環境，事業環境の変化に直面したり，役職員による不適切なモデル利用がなされた場合等は，モデルのアウトプットの不確実性が高まり，経営判断・業務判断を誤る可能性があります。

（※）　理論・仮定を用いて，入力データを処理し，推定値・予測値・スコア・分類等を出力する定量的手法。

⑨　戦略リスク ··

イ．当行グループのビジネス戦略に関するリスク

　　当行グループをはじめ，三井住友フィナンシャルグループは，中長期ビジョ
ン，「最高の信頼を通じて，お客さま・社会とともに発展するグローバルソ
リューションプロバイダー」のもと，2023年5月に公表した，2023年度から
2025年度までの3年間を計画期間とする中期経営計画においても，引続きこ
のビジョンの実現に向けた様々なビジネス戦略を実施してまいります。これら
のビジネス戦略は，様々なリスク事象も踏まえ策定しておりますが，想定外の
金融経済環境，事業環境の変化等により，必ずしも奏功するとは限らず，当初
想定した成果をもたらさない可能性があります。

ロ．当行の出資，戦略的提携等に係るリスク

　　当行グループは，これまで銀行業務を中心とした業務における戦略的提携，
提携を視野に入れた出資，買収等を国内外で行ってきており，今後も同様の戦
略的提携等を行っていく可能性があります。当行グループでは，これらの戦略
的提携等を行うにあたっては，そのリスクや妥当性を十分に検討しております
が，①法制度の変更，②金融経済環境の変化や競争の激化，③提携先や出資・
買収先の業務遂行に支障をきたす事態が生じた場合等には，期待されるサービ
ス提供や十分な収益を確保できない可能性があります。また，当行グループの
提携先又は当行グループのいずれかが，戦略を変更し，相手方との提携により
想定した成果が得られないと判断し，あるいは財務上・業務上の困難に直面す
ること等によって，提携関係が解消される場合には，当行グループの収益力が
低下したり，提携に際して取得した株式や提携により生じたのれん等の無形固
定資産，提携先に対する貸出金の価値が毀損したりする可能性があります。こ
れらの結果，当行グループの経営成績及び財政状態に影響を及ぼす可能性があ
ります。

ハ．戦略遂行に必要な有能な人材の確保

　　当行グループは幅広い分野で高い専門性を必要とする業務を行っております
ので，各分野において有能で熟練した人材が必要とされます。当行をはじめ，
三井住友フィナンシャルグループは，前記「2 サステナビリティに関する考え

方及び取組（3）戦略 ③ 人的資本経営の実践」に記載のとおり，役職員の積極的な採用及び役職員の継続的な研修等により，多様な人材の確保・育成を行っておりますが，有能な人材を継続的に採用し定着を図ることができなかった場合には，戦略・主要分野での人材確保が困難となり，策定したビジネス戦略が想定通りに実施できない可能性があります。その結果，当行グループの経営成績及び財政状態に影響を及ぼす可能性があります。

⑩　**リスク管理方針及び手続の有効性に関するリスク** ……………………………

当行グループは，リスク管理方針及び手続を整備し運用しておりますが，新しい分野への急速な業務の進出や拡大に伴い，リスク管理方針及び手続が有効に機能しない可能性があります。また，当行グループのリスク管理方針及び手続の一部は，過去の経験に基づいた部分があることから，将来発生する多様なリスクを必ずしも正確に予測することができず，有効に機能しない可能性があります。その結果，当行グループの経営成績及び財政状態に影響を及ぼす可能性があります。

3　経営者による財政状態，経営成績及びキャッシュ・フローの状況の分析

　当連結会計年度の経常利益は前連結会計年度対比2,581億円増益の1兆1,259億円，親会社株主に帰属する当期純利益は同2,388億円増益の8,070億円となりました。当連結会計年度の財政状態，経営成績及びキャッシュ・フローの状況の分析は，以下のとおりであります。

(単位：億円)

	前連結会計年度	当連結会計年度	前連結会計年度比
連結粗利益	19,976	22,382	2,406
資金運用収支	12,748	14,239	1,491
信託報酬	59	68	8
役務取引等収支	5,407	5,732	325
特定取引収支	△12	598	610
その他業務収支	1,774	1,745	△29
営業経費	△11,136	△11,787	△651
持分法による投資損益	68	414	346
連結業務純益	8,908	11,009	2,100
与信関係費用	△1,996	△1,102	894
不良債権処理額	△2,014	△1,147	867
貸出金償却	△91	△152	△61
貸倒引当金繰入額	△1,856	△810	1,047
その他	△66	△184	△118
償却債権取立益	18	44	27
株式等損益	1,859	1,522	△337
その他	△92	△169	△77
経常利益	8,678	11,259	2,581
特別損益	△1,087	△319	769
うち固定資産処分損益	△5	1	6
うち減損損失	△1,082	△322	761
うち段階取得に係る差益	－	2	2
税金等調整前当期純利益	7,591	10,941	3,349
法人税、住民税及び事業税	△2,237	△2,159	78
法人税等調整額	406	△655	△1,061
当期純利益	5,760	8,127	2,367
非支配株主に帰属する当期純利益	△78	△56	21
親会社株主に帰属する当期純利益	5,682	8,070	2,388

(注)　1　減算項目には金額頭部に△を付しております。

　　　2　連結粗利益＝資金運用収支＋信託報酬＋役務取引等収支＋特定取引収支＋その他業務収支

1 経営成績の分析 ···

（1） 連結業務純益 ···

　資金運用収支は，円安による為替影響に加え，当行において有価証券利息配当金が増加したことや国内外の法人向け貸出の増加により貸出金利息が増加したこと等から，前連結会計年度比1,491億円増益の1兆4,239億円となりました。

　信託報酬は，前連結会計年度比8億円増益の68億円となりました。

　役務取引等収支は，国内外の法人向け貸出の増加に伴う付帯取引の獲得や決済ビジネスが好調であったこと等により，前連結会計年度比325億円増益の5,732億円となりました。

　特定取引収支は，前連結会計年度比610億円増益の598億円となり，その他業務収支は，前連結会計年度比29億円減益の1,745億円となりました。なお，外貨建特定取引（通貨スワップ等）とそのリスクヘッジのために行う外国為替取引等の損益は，財務会計上，特定取引収支とその他業務収支中の外国為替売買損益に区分して計上されるため，ヘッジ効果を踏まえた経済実態としては，特定取引収支及びその他業務収支の合算でみる必要があります。両者合算では，前連結会計年度比581億円増益の2,343億円となりました。

　以上により，連結粗利益は，前連結会計年度比2,406億円増益の2兆2,382億円となりました。

　営業経費は，円安による為替影響やインフレ影響により海外経費が増加したこと等から，前連結会計年度比651億円増加の1兆1,787億円となりました。

　持分法による投資損益は，東亜銀行有限公司にかかる持分変動利益を計上したこと等により，前連結会計年度比346億円増益の414億円の利益となりました。

　以上の結果，連結業務純益は，前連結会計年度比2,100億円増益の1兆1,009億円となりました。

		前連結会計年度	当連結会計年度	前連結会計年度比
資金運用収支	①	12,748	14,239	1,491
資金運用収益		16,570	34,641	18,071
資金調達費用		△3,823	△20,402	△16,580
信託報酬	②	59	68	8
役務取引等収支	③	5,407	5,732	325
役務取引等収益		7,109	7,489	380
役務取引等費用		△1,701	△1,757	△55
特定取引収支	④	△12	598	610
特定取引収益		132	598	466
特定取引費用		△144	—	144
その他業務収支	⑤	1,774	1,745	△29
その他業務収益		3,337	4,365	1,028
その他業務費用		△1,563	△2,621	△1,057
連結粗利益 （＝①＋②＋③＋④＋⑤）	⑥	19,976	22,382	2,406
営業経費	⑦	△11,136	△11,787	△651
持分法による投資損益	⑧	68	414	346
連結業務純益 （＝⑥＋⑦＋⑧）		8,908	11,009	2,100

(注) 減算項目には金額頭部に△を付しております。

（2） 与信関係費用 ……………………………………………………………

　与信関係費用は，前連結会計年度に大口先へ引当を計上した反動等により，前連結会計年度比894億円減少の1,102億円となりました。

		前連結会計年度	当連結会計年度	前連結会計年度比
貸倒引当金繰入額	①	△1,856	△810	1,047
一般貸倒引当金繰入額		△106	△130	△24
個別貸倒引当金繰入額		△1,542	△680	862
特定海外債権引当勘定繰入額		△208	0	208
貸出金償却	②	△91	△152	△61
貸出債権売却損等	③	△66	△184	△118
償却債権取立益	④	18	44	27
与信関係費用 （＝①＋②＋③＋④）		△1,996	△1,102	894

(注) 減算項目には金額頭部に△を付しております。

（3） 株式等損益 ……………………………………………………………

　株式等損益は，政策保有株式の売却益が減少したこと等により，前連結会計年

度比337億円減益の1,522億円の利益となりました。

（単位：億円）

	前連結会計年度	当連結会計年度	前連結会計年度比
株式等損益	1,859	1,522	△337
株式等売却益	2,473	2,076	△397
株式等売却損	△424	△305	120
株式等償却	△190	△249	△59

(注) 減算項目には金額頭部に△を付しております。

(4) セグメントの業績

　ホールセール部門の連結業務純益は前連結会計年度比374億円増益の5,435億円，リテール部門は同272億円増益の406億円，グローバルバンキング部門は同1,292億円増益の6,568億円，市場営業部門は同680億円増益の3,821億円，本社管理等は同518億円減益の△5,221億円となりました。

（単位：億円）

	前連結会計年度		当連結会計年度		前連結会計年度比	
	連結粗利益	連結業務純益	連結粗利益	連結業務純益	連結粗利益	連結業務純益
ホールセール部門	7,427	4,601	8,281	5,435	420	374
リテール部門	3,123	89	3,233	406	64	272
グローバルバンキング部門	9,042	4,384	12,019	6,568	1,487	1,292
市場営業部門	3,944	3,185	4,619	3,821	748	680
本社管理等	△3,560	△3,351	△5,770	△5,221	△313	△518
合計	19,976	8,908	22,382	11,009	2,406	2,100

(注) 1　セグメントは内部管理上採用している区分によっております。
　　 2　本社管理等には，内部取引として消去すべきものを含めております。
　　 3　前連結会計年度比は，金利・為替影響等を調整しております。

2　財政状態の分析

(1)　貸出金

　貸出金は，当行において，国内法人向け貸出及び米州における海外貸出が増加したこと等により，前連結会計年度末比7兆3,511億円増加して99兆8,239億円となりました。

	前連結会計年度末	当連結会計年度末	前連結会計年度末比
貸出金残高（末残）	924,728	998,239	73,511
うち銀行法及び再生法に基づく債権	9,664	6,912	△2,752
うち住宅ローン（注）	112,372	112,241	△131

（注）当行及び国内銀行子会社の単体計数を単純合算して表示しております。

　当行グループの銀行法及び再生法に基づく債権は，前連結会計年度末比2,752億円減少して6,912億円となりました。その結果，不良債権比率は前連結会計年度末比0.30％低下して0.60％となりました。債権区分別では，破産更生債権及びこれらに準ずる債権が35億円減少して836億円，危険債権が1,543億円減少して4,218億円，要管理債権が1,174億円減少して1,859億円となりました。

　開示債権の保全状況は，銀行法及び再生法に基づく債権6,912億円に対して，貸倒引当金による保全が1,915億円，担保保証等による保全が3,706億円となり，保全率は81.34％となりました。

① 銀行法及び再生法に基づく債権の状況
　銀行法及び再生法に基づく債権と保全状況は以下のとおりであります。

（単位：億円）

		前連結会計年度末	当連結会計年度末	前連結会計年度末比
破産更生債権及びこれらに準ずる債権		871	836	△35
危険債権		5,761	4,218	△1,543
要管理債権		3,032	1,859	△1,174
三月以上延滞債権		73	121	48
貸出条件緩和債権		2,959	1,738	△1,221
小計	①	9,664	6,912	△2,752
正常債権		1,062,569	1,151,219	88,650
合計	②	1,072,233	1,158,131	85,898
不良債権比率	（＝①／②）	0.90％	0.60％	△0.30％

		前連結会計年度末	当連結会計年度末	前連結会計年度末比
保全額	③	7,189	5,622	△1,567
貸倒引当金	④	3,074	1,915	△1,158
担保保証等	⑤	4,116	3,706	△409

		前連結会計年度末	当連結会計年度末	前連結会計年度末比
保全率	（＝③／①）	74.39%	81.34%	6.95%
貸倒引当金総額を分子に算入した場合の保全率		112.82%	141.55%	28.73%

	前連結会計年度末	当連結会計年度末	前連結会計年度末比
担保保証等控除後の開示債権に対する引当率 （＝④／（①－⑤））	55.40%	59.76%	4.36%
貸倒引当金総額を分子に算入した場合の引当率	122.34%	189.60%	67.26%

　また，当行単体の銀行法及び再生法に基づく債権と保全状況は以下のとおりであります。

　銀行法及び再生法に基づく債権は，前事業年度末比2,188億円減少して5,866億円となりました。その結果，不良債権比率は前事業年度末比0.25%低下して0.52%となりました。債権区分別では，破産更生債権及びこれらに準ずる債権が37億円減少して755億円，危険債権が1,465億円減少して3,758億円，要管理債権が686億円減少して1,352億円となりました。

　開示債権の保全状況は，銀行法及び再生法に基づく債権5,866億円に対して，貸倒引当金による保全が1,776億円，担保保証等による保全が3,279億円となり，保全率は86.18%となりました。

		前事業年度末	当事業年度末	前事業年度末比
破産更生債権及びこれらに準ずる債権		792	755	△37
危険債権		5,223	3,758	△1,465
要管理債権		2,038	1,352	△686
三月以上延滞債権		42	54	12
貸出条件緩和債権		1,997	1,299	△698
小計	①	8,053	5,866	△2,188
正常債権		1,033,235	1,125,329	92,094
合計	②	1,041,288	1,131,194	89,906
不良債権比率	（＝①／②）	0.77%	0.52%	△0.25%

		前事業年度末	当事業年度末	前事業年度末比
保全額	③	6,414	5,055	△1,359
貸倒引当金	④	2,835	1,776	△1,059
担保保証等	⑤	3,579	3,279	△300
保全率	(=③／①)	79.64%	86.18%	6.54%
貸倒引当金総額を分子に算入した場合の保全率		117.61%	145.22%	27.61%
担保保証等控除後の開示債権に対する引当率 (=④／(①−⑤))		63.36%	68.66%	5.30%
貸倒引当金総額を分子に算入した場合の引当率		131.70%	202.53%	70.83%

(注)　貸倒引当金には，個別貸倒引当金及び要管理債権に対して計上している一般貸倒引当金の合計額を計
上しております。

②　銀行法及び再生法に基づく債権の業種別構成と地域別構成

銀行法及び再生法に基づく債権の業種別構成（単体）

（単位：億円）

	前事業年度末	当事業年度末	前事業年度末比
国内店分（除く特別国際金融取引勘定）	5,705	3,439	△2,266
製造業	2,657	705	△1,953
農業、林業、漁業及び鉱業	38	13	△25
建設業	70	68	△2
運輸、情報通信、公益事業	358	379	20
卸売・小売業	697	540	△157
金融・保険業	78	65	△13
不動産業	416	345	△71
物品賃貸業	4	5	1
各種サービス業	983	989	5
地方公共団体	—	—	—
その他	402	331	△72
海外店分及び特別国際金融取引勘定分	2,348	2,426	78
政府等	—	—	—
金融機関	—	—	—
商工業	2,081	2,299	218
その他	267	128	△139
合計	8,053	5,866	△2,188

銀行法及び再生法に基づく債権の地域別構成（単体）

(単位：億円)

	前事業年度末	当事業年度末	前事業年度末比
海外店分及び特別国際金融取引勘定分	2,348	2,426	78
アジア	981	1,552	571
オセアニア	—	18	18
北米	782	534	△248
中南米	207	47	△160
欧州	169	138	△30
その他	210	138	△72

(注) 債権額は債務者所在国を基準に集計しております。

(2) 有価証券 ……………………………………………………………

有価証券は，前連結会計年度末比5兆3,917億円減少して32兆742億円となりました。

(単位：億円)

	前連結会計年度末	当連結会計年度末	前連結会計年度末比
有価証券	374,659	320,742	△53,917
国債	157,742	96,488	△61,253
地方債	11,712	11,807	94
社債	28,406	28,135	△271
株式	33,061	31,772	△1,288
うち時価のあるもの	31,183	29,805	△1,378
その他の証券	143,738	152,539	8,801

(注)「その他の証券」には，外国債券及び外国株式が含まれております。

[ご参考] 有価証券等の評価損益（単体）

(単位：億円)

	前事業年度末	当事業年度末	前事業年度末比
満期保有目的の債券	△2	△4	△2
子会社・関連会社株式	145	△123	△268
その他有価証券	17,824	14,232	△3,592
うち株式	19,619	18,817	△802
うち債券	△494	△624	△129
その他の金銭の信託	—	—	—
合計	17,966	14,104	△3,862

(3) 繰延税金資産（負債） ···

　繰延税金資産は，前連結会計年度末比49億円増加して574億円となりました。また，繰延税金負債は，前連結会計年度末比174億円減少して3,256億円となりました。

(単位：億円)

	前連結会計年度末	当連結会計年度末	前連結会計年度末比
繰延税金資産	525	574	49
繰延税金負債	△3,430	△3,256	174

　なお，当行単体の繰延税金資産及び繰延税金負債の発生の主な原因別の内訳は以下のとおりであります。

〔当行単体〕

(単位：億円)

		前事業年度末	当事業年度末	前事業年度末比
繰延税金資産	①	5,493	4,399	△1,094
貸倒引当金及び貸出金償却		2,172	1,993	△179
有価証券有税償却		2,086	1,160	△926
その他		1,235	1,246	11
評価性引当額	②	△2,138	△1,205	933
評価性引当額控除後繰延税金資産合計（＝①＋②）	③	3,355	3,194	△161
繰延税金負債	④	△5,570	△4,696	874
その他有価証券評価差額金		△4,913	△3,882	1,031
その他		△658	△814	△157
繰延税金資産の純額（△は繰延税金負債）（＝③＋④）		△2,215	△1,502	713

(4) 預金 ···

　預金は，当行において，国内預金が個人預金，法人預金ともに増加したこと等から，前連結会計年度末比10兆14億円増加して159兆2,511億円となりました。また，譲渡性預金は，前連結会計年度末比2,082億円減少して13兆2,521億円となりました。

	前連結会計年度末	当連結会計年度末	前連結会計年度末比
預金	1,492,497	1,592,511	100,014
うち国内個人預金（注）	590,026	610,422	20,397
うち国内法人預金（注）	631,049	652,101	21,052
譲渡性預金	134,603	132,521	△2,082

（注） 当行及び国内銀行子会社の単体計数を単純合算して表示しております。

（5） 純資産の部 ···

　純資産の部合計は，9兆7,355億円となりました。このうち株主資本合計は，親会社株主に帰属する当期純利益の計上や剰余金の配当等の結果，前連結会計年度末比3,717億円増加して7兆7,664億円となりました。また，その他の包括利益累計額合計は，前連結会計年度末比1,254億円増加して1兆8,211億円となりました。

（単位：億円）

	前連結会計年度末	当連結会計年度末	前連結会計年度末比
純資産の部合計	92,199	97,355	5,157
うち株主資本合計	73,948	77,664	3,717
うちその他の包括利益累計額合計	16,957	18,211	1,254

　なお，詳細につきましては，「第5 経理の状況 1 連結財務諸表等 （1） 連結財務諸表 ③連結株主資本等変動計算書」に記載しております。

3　国内・海外別業績 ···
（1）　国内・海外別収支 ···

　当連結会計年度の資金運用収支は前連結会計年度比1,491億円増益の1兆4,239億円，信託報酬は同8億円増益の68億円，役務取引等収支は同325億円増益の5,732億円，特定取引収支は同610億円増益の598億円，その他業務収支は同29億円減益の1,745億円となりました。

　国内・海外別に見ますと，国内の資金運用収支は前連結会計年度比2,913億円減益の2,156億円，信託報酬は同8億円増益の68億円，役務取引等収支は同76億円増益の2,944億円，特定取引収支は同782億円減益の△1,627億円，その他業務収支は同128億円増益の1,472億円となりました。

　海外の資金運用収支は前連結会計年度比4,463億円増益の1兆2,159億円，

役務取引等収支は同285億円増益の2,896億円，特定取引収支は同1,392億円増益の2,225億円，その他業務収支は同168億円減益の263億円となりました。

種類	期別	国内 金額(百万円)	海外 金額(百万円)	相殺消去額(△) 金額(百万円)	合計 金額(百万円)
資金運用収支	前連結会計年度	506,948	769,563	△1,731	1,274,779
	当連結会計年度	215,646	1,215,913	△7,669	1,423,890
うち資金運用収益	前連結会計年度	754,185	913,238	△10,389	1,657,035
	当連結会計年度	1,038,623	2,476,967	△51,488	3,464,103
うち資金調達費用	前連結会計年度	247,237	143,675	△8,657	382,255
	当連結会計年度	822,977	1,261,054	△43,818	2,040,212
信託報酬	前連結会計年度	5,940	—	—	5,940
	当連結会計年度	6,752	—	—	6,752
役務取引等収支	前連結会計年度	286,781	261,091	△7,147	540,724
	当連結会計年度	294,400	289,559	△10,739	573,220
うち役務取引等収益	前連結会計年度	416,034	306,986	△12,170	710,850
	当連結会計年度	424,562	343,655	△19,323	748,894
うち役務取引等費用	前連結会計年度	129,253	45,895	△5,022	170,125
	当連結会計年度	130,161	54,095	△8,583	175,674
特定取引収支	前連結会計年度	△84,517	83,297	—	△1,220
	当連結会計年度	△162,679	222,495	—	59,815
うち特定取引収益	前連結会計年度	5,650	84,630	△77,057	13,223
	当連結会計年度	42,228	223,417	△205,830	59,815
うち特定取引費用	前連結会計年度	90,167	1,332	△77,057	14,443
	当連結会計年度	204,908	922	△205,830	—
その他業務収支	前連結会計年度	134,405	43,148	△169	177,384
	当連結会計年度	147,241	26,309	931	174,482
うちその他業務収益	前連結会計年度	218,663	115,425	△383	333,705
	当連結会計年度	275,748	161,807	△1,012	436,543
うちその他業務費用	前連結会計年度	84,258	72,276	△214	156,320
	当連結会計年度	128,507	135,497	△1,943	262,061

(注) 1 「国内」とは，当行（海外店を除く）及び国内連結子会社であります。
　　 2 「海外」とは，当行の海外店及び在外連結子会社であります。
　　 3 「国内」，「海外」間の内部取引は，「相殺消去額(△)」欄に表示しております。

(2) 国内・海外別資金運用／調達の状況

　当連結会計年度の資金運用勘定の平均残高は前連結会計年度比14兆6,982億円増加して166兆7,829億円，利回りは同0.99％上昇して2.08％となりました。また，資金調達勘定の平均残高は同11兆8,683億円増加して215兆7,469億円，利回りは同0.76％上昇して0.95％となりました。

国内・海外別に見ますと，国内の資金運用勘定の平均残高は前連結会計年度比2兆365億円増加して97兆2,471億円，利回りは同0.28％上昇して1.07％となりました。また，資金調達勘定の平均残高は同4兆41億円増加して162兆9,969億円，利回りは同0.34％上昇して0.50％となりました。

海外の資金運用勘定の平均残高は前連結会計年度比12兆6,293億円増加して71兆5,053億円，利回りは同1.91％上昇して3.46％となりました。また，資金調達勘定の平均残高は同7兆8,319億円増加して54兆7,194億円，利回りは同1.99％上昇して2.30％となりました。

① 国内

種類	期別	平均残高	利息	利回り
		金額（百万円）	金額（百万円）	（％）
資金運用勘定	前連結会計年度	95,210,613	754,185	0.79
	当連結会計年度	97,247,097	1,038,623	1.07
うち貸出金	前連結会計年度	57,102,983	495,008	0.87
	当連結会計年度	59,582,576	623,222	1.05
うち有価証券	前連結会計年度	26,538,963	231,306	0.87
	当連結会計年度	24,300,188	265,704	1.09
うちコールローン及び買入手形	前連結会計年度	2,224,298	△252	△0.01
	当連結会計年度	3,274,672	1,566	0.05
うち買現先勘定	前連結会計年度	1,568,218	△761	△0.05
	当連結会計年度	1,064,618	△831	△0.08
うち債券貸借取引支払保証金	前連結会計年度	1,467,372	528	0.04
	当連結会計年度	1,519,698	508	0.03
うち預け金	前連結会計年度	1,456,622	8,857	0.61
	当連結会計年度	1,636,958	43,072	2.63
資金調達勘定	前連結会計年度	158,992,780	247,237	0.16
	当連結会計年度	162,996,925	822,977	0.50
うち預金	前連結会計年度	119,500,944	8,653	0.01
	当連結会計年度	125,545,255	99,337	0.08
うち譲渡性預金	前連結会計年度	5,387,477	232	0.00
	当連結会計年度	4,894,601	160	0.00
うちコールマネー及び売渡手形	前連結会計年度	10,547	25	0.24
	当連結会計年度	505,526	116	0.02
うち売現先勘定	前連結会計年度	5,863,898	2,830	0.05
	当連結会計年度	6,203,548	110,219	1.78
うち債券貸借取引受入担保金	前連結会計年度	545,608	24	0.00
	当連結会計年度	344,628	2,909	0.84
うちコマーシャル・ペーパー	前連結会計年度	61,085	6	0.01
	当連結会計年度	56,517	6	0.01
うち借用金	前連結会計年度	25,386,453	190,781	0.75
	当連結会計年度	22,907,209	273,467	1.19
うち社債	前連結会計年度	987,004	34,469	3.49
	当連結会計年度	703,675	24,955	3.55

（注）1 「国内」とは，当行（海外店を除く）及び国内連結子会社であります。
　　　2 平均残高は，原則として日々の残高の平均に基づいて算出しておりますが，一部の連結子会社については，週末毎，月末毎ないし四半期毎の残高に基づく平均残高を使用しております。
　　　3 資金運用勘定には無利息預け金の平均残高（前連結会計年度57,702,659百万円，当連結会計年度55,587,959百万円）を含めずに表示しております。

---

point 生産及び販売の状況

生産高よりも販売高の金額の方が大きい場合は，作った分よりも売れていることを意味するので，景気が良い，あるいは会社のビジネスがうまくいっていると言えるケースが多い。逆に販売額の方が小さい場合は製品が売れなく，在庫が増えて景気が悪くなっていると言える場合がある。

② 海外

種類	期別	平均残高 金額(百万円)	利息 金額(百万円)	利回り (%)
資金運用勘定	前連結会計年度	58,875,923	913,238	1.55
	当連結会計年度	71,505,260	2,476,967	3.46
うち貸出金	前連結会計年度	33,334,971	663,119	1.99
	当連結会計年度	40,151,015	1,568,598	3.91
うち有価証券	前連結会計年度	7,052,533	103,957	1.47
	当連結会計年度	7,531,768	165,931	2.20
うちコールローン及び買入手形	前連結会計年度	2,419,113	16,173	0.67
	当連結会計年度	3,818,554	75,437	1.98
うち買現先勘定	前連結会計年度	3,006,537	11,171	0.37
	当連結会計年度	3,350,816	62,689	1.87
うち債券貸借取引支払保証金	前連結会計年度	26,205	60	0.23
	当連結会計年度	25,950	71	0.28
うち預け金	前連結会計年度	7,753,683	18,703	0.24
	当連結会計年度	10,499,722	292,408	2.78
資金調達勘定	前連結会計年度	46,887,542	143,675	0.31
	当連結会計年度	54,719,403	1,261,054	2.30
うち預金	前連結会計年度	27,897,585	88,925	0.32
	当連結会計年度	32,924,398	732,542	2.22
うち譲渡性預金	前連結会計年度	7,467,267	21,235	0.28
	当連結会計年度	9,427,781	259,499	2.75
うちコールマネー及び売渡手形	前連結会計年度	930,552	1,432	0.15
	当連結会計年度	782,469	17,891	2.29
うち売現先勘定	前連結会計年度	7,324,163	6,899	0.09
	当連結会計年度	7,357,918	172,294	2.34
うち債券貸借取引受入担保金	前連結会計年度	—	—	—
	当連結会計年度	0	0	6.55
うちコマーシャル・ペーパー	前連結会計年度	2,203,526	2,244	0.10
	当連結会計年度	2,246,706	44,175	1.97
うち借用金	前連結会計年度	455,252	11,671	2.56
	当連結会計年度	721,283	20,380	2.83
うち社債	前連結会計年度	62,834	3,005	4.78
	当連結会計年度	154,962	3,003	1.94

(注) 1 「海外」とは，当行の海外店舗及び在外連結子会社であります。

2 平均残高は，原則として日々の残高の平均に基づいて算出しておりますが，一部の連結子会社については，週末毎，月末毎ないし四半期毎の残高に基づく平均残高を使用しております。

3 資金運用勘定には無利息預け金の平均残高（前連結会計年度4,712,783百万円，当連結会計年度4,197,892百万円）を含めずに表示しております。

(point) **対処すべき課題**

有報のなかで最も重要であり注目すべき項目。今，事業のなかで何かしら問題があればそれに対してどんな対策があるのか，上手くいっている部分をどう伸ばしていくのかなどの重要なヒントを得ることができる。また今後の成長に向けた技術開発の方向性や，新規事業の戦略についての理解を深めることができる。

③ 合計

種類	期別	平均残高(百万円)			利息(百万円)			利回り(%)
		小計	相殺消去額(△)	合計	小計	相殺消去額(△)	合計	
資金運用勘定	前連結会計年度	154,086,536	△2,001,837	152,084,699	1,667,424	△10,389	1,657,035	1.09
	当連結会計年度	168,752,358	△1,969,473	166,782,885	3,515,591	△51,488	3,464,103	2.08
うち貸出金	前連結会計年度	90,437,954	△114,284	90,323,670	1,158,127	△1,084	1,157,042	1.28
	当連結会計年度	99,733,591	△103,233	99,630,358	2,191,821	△1,850	2,189,970	2.20
うち有価証券	前連結会計年度	33,591,496	—	33,591,496	335,264	△1,731	333,532	0.99
	当連結会計年度	31,831,957	—	31,831,957	431,635	△7,669	423,966	1.33
うちコールローン及び買入手形	前連結会計年度	4,643,411	—	4,643,411	15,921	—	15,921	0.34
	当連結会計年度	7,093,227	—	7,093,227	77,003	—	77,003	1.09
うち買現先勘定	前連結会計年度	4,574,756	△40,666	4,534,089	10,410	△27	10,382	0.23
	当連結会計年度	4,415,434	△38,699	4,376,734	61,858	△1,057	60,800	1.39
うち債券貸借取引支払保証金	前連結会計年度	1,493,577	—	1,493,577	588	—	588	0.04
	当連結会計年度	1,545,649	—	1,545,649	579	—	579	0.04
うち預け金	前連結会計年度	9,210,306	△1,657,676	7,552,630	27,561	△7,352	20,208	0.27
	当連結会計年度	12,136,680	△1,825,684	10,310,996	335,480	△34,958	300,521	2.91
資金調達勘定	前連結会計年度	205,880,323	△2,001,786	203,878,536	390,913	△8,657	382,255	0.19
	当連結会計年度	217,716,329	△1,969,475	215,746,854	2,084,031	△43,818	2,040,212	0.95
うち預金	前連結会計年度	147,398,529	△1,657,676	145,740,853	97,579	△7,352	90,226	0.06
	当連結会計年度	158,576,553	△1,825,684	156,750,868	831,880	△34,958	796,922	0.51
うち譲渡性預金	前連結会計年度	12,854,744	—	12,854,744	21,468	—	21,468	0.17
	当連結会計年度	14,322,382	—	14,322,382	259,659	—	259,659	1.81
うちコールマネー及び売渡手形	前連結会計年度	941,100	—	941,100	1,458	—	1,458	0.15
	当連結会計年度	1,287,996	—	1,287,996	18,007	—	18,007	1.40
うち売現先勘定	前連結会計年度	13,188,061	△40,666	13,147,395	9,730	△27	9,702	0.07
	当連結会計年度	13,561,466	△38,699	13,522,766	282,514	△1,057	281,456	2.08
うち債券貸借取引受入担保金	前連結会計年度	545,608	—	545,608	24	—	24	0.00
	当連結会計年度	344,628	—	344,628	2,909	—	2,909	0.84
うちコマーシャル・ペーパー	前連結会計年度	2,264,612	—	2,264,612	2,251	—	2,251	0.10
	当連結会計年度	2,303,223	—	2,303,223	44,181	—	44,181	1.92
うち借用金	前連結会計年度	25,841,706	△114,284	25,727,421	202,453	△1,084	201,368	0.78
	当連結会計年度	23,628,492	△103,233	23,525,258	293,848	△1,850	291,998	1.24
うち社債	前連結会計年度	1,049,838	—	1,049,838	37,475	—	37,475	3.57
	当連結会計年度	858,637	—	858,637	27,959	—	27,959	3.26

(注) 1 「国内」,「海外」間の内部取引は,「相殺消去額(△)」欄に表示しております。

2 平均残高は,原則として日々の残高の平均に基づいて算出しておりますが,一部の連結子会社については,週末毎,月末毎ないし四半期毎の残高に基づく平均残高を使用しております。

3 資金運用勘定には無利息預け金の平均残高(前連結会計年度62,414,373百万円,当連結会計年度59,782,286百万円)を含めずに表示しております。

(3) 国内・海外別役務取引の状況 ·······················

　当連結会計年度の役務取引等収益は前連結会計年度比380億円増加の7,489億円，一方役務取引等費用は同55億円増加の1,757億円となったことから，役務取引等収支は同325億円増益の5,732億円となりました。

　国内・海外別に見ますと，国内の役務取引等収益は前連結会計年度比85億円増加の4,246億円，一方役務取引等費用は同9億円増加の1,302億円となったことから，役務取引等収支は同76億円増益の2,944億円となりました。

　海外の役務取引等収益は前連結会計年度比367億円増加の3,437億円，一方役務取引等費用は同82億円増加の541億円となったことから，役務取引等収支は同285億円増益の2,896億円となりました。

種類	期別	国内 金額(百万円)	海外 金額(百万円)	相殺消去額(△) 金額(百万円)	合計 金額(百万円)
役務取引等収益	前連結会計年度	416,034	306,986	△12,170	710,850
	当連結会計年度	424,562	343,655	△19,323	748,894
うち預金・貸出業務	前連結会計年度	18,650	191,591	△6,343	203,898
	当連結会計年度	19,361	226,739	△8,659	237,441
うち為替業務	前連結会計年度	113,593	27,718	△0	141,312
	当連結会計年度	111,344	34,821	△35	146,131
うち証券関連業務	前連結会計年度	4,514	48,898	—	53,412
	当連結会計年度	4,645	31,645	△28	36,261
うち代理業務	前連結会計年度	7,823	—	—	7,823
	当連結会計年度	8,202	—	—	8,202
うち保護預り・貸金庫業務	前連結会計年度	4,021	3	—	4,025
	当連結会計年度	4,224	3	—	4,228
うち保証業務	前連結会計年度	29,106	11,245	△831	39,520
	当連結会計年度	28,191	14,398	△6,199	36,390
うち投資信託関連業務	前連結会計年度	30,175	21	—	30,196
	当連結会計年度	26,781	46	—	26,828
役務取引等費用	前連結会計年度	129,253	45,895	△5,022	170,125
	当連結会計年度	130,161	54,095	△8,583	175,674
うち為替業務	前連結会計年度	27,131	7,356	△1,340	33,147
	当連結会計年度	21,405	8,663	△1,220	28,848

(注) 1 「国内」とは，当行（海外店を除く）及び国内連結子会社であります。

　　 2 「海外」とは，当行の海外店及び在外連結子会社であります。

　　 3 「国内」，「海外」間の内部取引は，「相殺消去額（△）」欄に表示しております。

(point) 事業等のリスク

　「対処すべき課題」の次に重要な項目。新規参入により長期的に価格競争が激しくなり企業の体力が奪われるようなことがあるため，その事業がどの程度参入障壁が高く安定したビジネスなのかなど考えるきっかけになる。また，規制や法律，訴訟なども企業によっては大きな問題になる可能性があるため，注意深く読む必要がある。

（4）　国内・海外別特定取引の状況 ・・

①　特定取引収益・費用の内訳

　当連結会計年度の特定取引収益は前連結会計年度比466億円増加の598億円，一方特定取引費用は同144億円減少となったことから，特定取引収支は同610億円増益の598億円となりました。

　国内・海外別に見ますと，国内の特定取引収益は前連結会計年度比366億円増加の422億円，一方特定取引費用は同1,147億円増加の2,049億円となったことから，特定取引収支は同782億円減益の△1,627億円となりました。

　海外の特定取引収益は前連結会計年度比1,388億円増加の2,234億円，一方特定取引費用は同4億円減少の9億円となったことから，特定取引収支は同1,392億円増益の2,225億円となりました。

種類	期別	国内 金額（百万円）	海外 金額（百万円）	相殺消去額（△） 金額（百万円）	合計 金額（百万円）
特定取引収益	前連結会計年度	5,650	84,630	△77,057	13,223
	当連結会計年度	42,228	223,417	△205,830	59,815
うち商品 有価証券収益	前連結会計年度	—	7,559	△138	7,420
	当連結会計年度	—	11,421	△356	11,065
うち特定取引 有価証券収益	前連結会計年度	5,279	522	—	5,802
	当連結会計年度	4,187	446	—	4,633
うち特定金融 派生商品収益	前連結会計年度	347	76,547	△76,894	—
	当連結会計年度	37,992	211,549	△205,457	44,085
うちその他の 特定取引収益	前連結会計年度	23		△23	
	当連結会計年度	48		△16	31
特定取引費用	前連結会計年度	90,167	1,332	△77,057	14,443
	当連結会計年度	204,908	922	△205,830	
うち商品 有価証券費用	前連結会計年度	138		△138	
	当連結会計年度	356		△356	
うち特定取引 有価証券費用	前連結会計年度	—	—	—	
	当連結会計年度	—	—	—	
うち特定金融 派生商品費用	前連結会計年度	90,029	1,135	△76,894	14,269
	当連結会計年度	204,551	905	△205,457	
うちその他の 特定取引費用	前連結会計年度	—	196	△23	173
	当連結会計年度	—	16	△16	—

（注）1　「国内」とは，当行（海外店を除く）及び国内連結子会社であります。

　　　2　「海外」とは，当行の海外店及び在外連結子会社であります。

　　　3　「国内」，「海外」間の内部取引は，「相殺消去額（△）」欄に表示しております。

② 特定取引資産・負債の内訳（末残）

当連結会計年度末の特定取引資産残高は前連結会計年度末比3,043億円増加の4兆848億円，特定取引負債残高は同1兆4,454億円増加の4兆2,343億円となりました。

国内・海外別に見ますと，国内の特定取引資産残高は前連結会計年度末比1,749億円増加の1兆9,746億円，特定取引負債残高は同200億円増加の1兆3,656億円となりました。

海外の特定取引資産残高は前連結会計年度末比1,715億円増加の2兆3,256億円，特定取引負債残高は同1兆4,674億円増加の3兆841億円となりました。

種類	期別	国内 金額(百万円)	海外 金額(百万円)	相殺消去額(△) 金額(百万円)	合計 金額(百万円)
特定取引資産	前連結会計年度末	1,799,712	2,154,113	△173,401	3,780,424
	当連結会計年度末	1,974,567	2,325,632	△215,444	4,084,755
うち商品有価証券	前連結会計年度末	4,504	698,644	—	703,149
	当連結会計年度末	665	687,320	—	687,985
うち商品有価証券派生商品	前連結会計年度末	—	—	—	—
	当連結会計年度末	—	—	—	—
うち特定取引有価証券	前連結会計年度末	—	—	—	—
	当連結会計年度末	—	—	—	—
うち特定取引有価証券派生商品	前連結会計年度末	128,584	962	—	129,546
	当連結会計年度末	29,761	898	—	30,660
うち特定金融派生商品	前連結会計年度末	1,519,130	1,454,506	△173,401	2,800,235
	当連結会計年度末	1,853,146	1,637,413	△215,444	3,275,115
うちその他の特定取引資産	前連結会計年度末	147,493	—	—	147,493
	当連結会計年度末	90,993	—	—	90,993
特定取引負債	前連結会計年度末	1,345,603	1,616,682	△173,401	2,788,884
	当連結会計年度末	1,365,645	3,084,066	△215,444	4,234,268
うち売付商品債券	前連結会計年度末	1,383	249,338	—	250,721
	当連結会計年度末	9,872	289,476	—	299,349
うち商品有価証券派生商品	前連結会計年度末	—	—	—	—
	当連結会計年度末	—	—	—	—
うち特定取引売付債券	前連結会計年度末	—	—	—	—
	当連結会計年度末	—	—	—	—
うち特定取引有価証券派生商品	前連結会計年度末	128,579	1,087	—	129,667
	当連結会計年度末	31,099	957	—	32,056
うち特定金融派生商品	前連結会計年度末	1,215,640	1,366,256	△173,401	2,408,494
	当連結会計年度末	1,324,674	2,793,632	△215,444	3,902,862
うちその他の特定取引負債	前連結会計年度末	—	—	—	—
	当連結会計年度末	—	—	—	—

(注) 1 「国内」とは，当行（海外店を除く）及び国内連結子会社であります。

　　 2 「海外」とは，当行の海外店及び在外連結子会社であります。

　　 3 「国内」，「海外」間の内部取引は，「相殺消去額（△）」欄に表示しております。

(5) 国内・海外別預金残高の状況 ···

○ 預金の種類別残高（末残）

種類	期別	国内 金額（百万円）	海外 金額（百万円）	合計 金額（百万円）
預金合計	前連結会計年度末	123,639,500	25,610,195	149,249,696
	当連結会計年度末	127,703,806	31,547,333	159,251,139
うち流動性預金	前連結会計年度末	96,354,258	17,907,060	114,261,318
	当連結会計年度末	101,367,548	21,160,461	122,528,010
うち定期性預金	前連結会計年度末	17,647,119	7,524,924	25,172,044
	当連結会計年度末	17,266,104	10,305,344	27,571,448
うちその他	前連結会計年度末	9,638,122	178,210	9,816,333
	当連結会計年度末	9,070,152	81,528	9,151,680
譲渡性預金	前連結会計年度末	5,449,573	8,010,723	13,460,296
	当連結会計年度末	4,692,706	8,559,354	13,252,060
総合計	前連結会計年度末	129,089,074	33,620,918	162,709,993
	当連結会計年度末	132,396,512	40,106,688	172,503,200

(注) 1 「国内」とは，当行（海外店を除く）及び国内連結子会社であります。

　　 2 「海外」とは，当行の海外店及び在外連結子会社であります。

　　 3 流動性預金＝当座預金＋普通預金＋貯蓄預金＋通知預金

　　 4 「定期性預金」とは，定期預金であります。

(6) 国内・海外別貸出金残高の状況 ···

① 業種別貸出状況（末残・構成比）

業種別	前連結会計年度末		当連結会計年度末	
	金額(百万円)	構成比(%)	金額(百万円)	構成比(%)
国内（除く特別国際金融取引勘定分）	58,270,616	100.00	61,130,909	100.00
製造業	8,507,790	14.60	9,019,445	14.75
農業、林業、漁業及び鉱業	285,983	0.49	217,440	0.35
建設業	712,875	1.22	804,339	1.32
運輸、情報通信、公益事業	5,703,229	9.79	5,970,855	9.77
卸売・小売業	4,711,738	8.08	5,018,308	8.21
金融・保険業	6,169,542	10.59	6,511,764	10.65
不動産業、物品賃貸業	11,139,355	19.12	12,341,863	20.19
各種サービス業	4,853,887	8.33	4,867,013	7.96
地方公共団体	512,841	0.88	609,285	1.00
その他	15,673,371	26.90	15,770,593	25.80
海外及び特別国際金融取引勘定分	34,202,228	100.00	38,693,001	100.00
政府等	441,474	1.29	287,504	0.74
金融機関	2,714,581	7.94	2,889,626	7.47
商工業	28,101,604	82.16	32,320,639	83.53
その他	2,944,567	8.61	3,195,231	8.26
合計	92,472,845	—	99,823,911	—

(注) 1 「国内」とは，当行（海外店を除く）及び国内連結子会社であります。

2 「海外」とは，当行の海外店及び在外連結子会社であります。

② 外国政府等向け債権残高（国別）

期別	国別	金額(百万円)
前連結会計年度末	ロシア	186,890
	ガーナ	3,366
	ミャンマー	2,856
	アルゼンチン	8
	スリランカ	3
	合計	193,126
	（資産の総額に対する割合：%）	(0.08)
当連結会計年度末	ロシア	154,778
	エチオピア	43,199
	ザンビア	12,547
	ガーナ	7,939
	イラク	3,857
	ミャンマー	3,679
	アルゼンチン	9
	スリランカ	0
	合計	226,011
	（資産の総額に対する割合：%）	(0.09)

(7) 国内・海外別有価証券の状況 ･･････････････････････････････････

○ 有価証券残高（末残）

種類	期別	国内	海外	合計
		金額(百万円)	金額(百万円)	金額(百万円)
国債	前連結会計年度末	15,774,197	―	15,774,197
	当連結会計年度末	9,648,847	―	9,648,847
地方債	前連結会計年度末	1,171,237	―	1,171,237
	当連結会計年度末	1,180,668	―	1,180,668
社債	前連結会計年度末	2,775,769	64,833	2,840,602
	当連結会計年度末	2,746,581	66,947	2,813,529
株式	前連結会計年度末	3,306,067	―	3,306,067
	当連結会計年度末	3,177,227	―	3,177,227
その他の証券	前連結会計年度末	7,074,778	7,298,976	14,373,754
	当連結会計年度末	7,474,074	7,779,819	15,253,894
合計	前連結会計年度末	30,102,049	7,363,809	37,465,859
	当連結会計年度末	24,227,400	7,846,767	32,074,167

（注）1　「国内」とは，当行（海外店を除く）及び国内連結子会社であります。

　　　2　「海外」とは，当行の海外店及び在外連結子会社であります。

　　　3　「その他の証券」には，外国債券及び外国株式を含んでおります。

4　キャッシュ・フローの状況の分析 ･･････････････････････････

(1)　キャッシュ・フローの状況 ･･････････････････････････････

　当連結会計年度のキャッシュ・フローは，資金の運用・調達や貸出金・預金の増減等の「営業活動によるキャッシュ・フロー」が前連結会計年度対比7兆7,626億円減少の△6兆6,711億円，有価証券の取得・売却や有形固定資産の取得・売却等の「投資活動によるキャッシュ・フロー」が同7兆9,832億円増加の＋6兆394億円，配当金の支払等の「財務活動によるキャッシュ・フロー」が同253億円増加の△2,948億円となりました。

　その結果，当連結会計年度末の現金及び現金同等物の残高は前連結会計年度末対比5,707億円減少の64兆2,658億円となりました。

（2） 資本政策の方針 ···

① 資本政策の基本方針

　当行は，銀行業の公共性に鑑み，健全経営確保の観点から内部留保に留意しつつ，親会社である三井住友フィナンシャルグループの経営方針に従って，同社に対して配当を行っております。

　三井住友フィナンシャルグループの資本政策の基本方針は，健全性確保を前提に，株主還元強化と成長投資をバランス良く実現していくこととしております。健全性の指標である普通株式等Tier1比率は，バーゼルⅢ最終化の影響を織り込み，その他有価証券評価差額金を除いたベースで10％程度を目標としております。これは規制上求められる所要水準8.0％をベースに，さまざまなストレスシナリオにおいても所要水準を維持できる2.0％のバッファーを加えた数字であり，±0.5％を運営目線としております。

　三井住友フィナンシャルグループの2023年3月末の普通株式等Tier1比率は10.1％と資本は十分な水準を維持している一方で，不透明なマーケットで環境の変化や，金融規制・監督のさらなる強化により健全性の前提が保守的になる可能性も否定できません。マクロ環境や各国当局関係者の議論等を注視し，健全性確保のために，資本蓄積も必要に応じて検討してまいります。

② 株主還元強化

　三井住友フィナンシャルグループの株主還元の基本は配当であり，累進的配当，すなわち，業績のボラティリティをできるだけ抑えながら，減配せず，配当維持もしくは増配の実施を原則としております。前中期経営計画では，2020年度の190円から2022年度の240円へ3年間で合計50円の増配を実現し，株主還元目標である配当性向40％を達成することができました。本中期経営計画においても，配当性向40％を維持し，親会社株主に帰属する当期純利益の増加を通じて増配の実現を目指してまいります。これをもとに，三井住友フィナンシャルグループの2023年度の配当予想は250円といたしました。

　また，三井住友フィナンシャルグループの自己株式の取得については，前中期経営計画の3年間で2,000億円の自己株式の取得を発表いたしました。本中期経営計画では，株主還元と成長投資のバランスをより重視した資本政策を実現して

まいります。

③ **成長投資**

　三井住友フィナンシャルグループは，バーゼル規制最終化を見据えた資本蓄積を十分達成できたことから，前中期経営計画では株主還元と成長投資への資本活用を強化する方針に変更し，成長分野にはオーガニック・インオーガニックともにしっかりと資本を投入して，成長を追求してまいりました。

　三井住友フィナンシャルグループにおける本中期経営計画では，前中期経営計画の中で取り組んだインオーガニック投資のPMI（経営統合作業）に注力し，収益貢献につなげていくことで，新たな成長ドライバーに育ててまいります。

④ **政策保有株式**

　三井住友フィナンシャルグループは，2020年度からの5年間で政策保有株式3,000億円を削減する計画に基づき，2022年度は約580億円（3ヵ年累計約1,800億円）を削減いたしましたが，昨今の政策保有株式を取り巻く環境を踏まえ，2023年5月，削減計画を加速する方向へ修正し，今後3年間で2,000億円，当初の計画と合わせて6年間で3,800億円を削減する計画といたしました。

　また，本削減計画は最低目線として位置づけ，可能な限り超過達成を目指すこととし，当面の目標として，次期中期経営計画（2026年度〜2028年度）の期間中に，三井住友フィナンシャルグループの連結純資産に対する政策保有株式の時価残高の割合を20%未満とすることを目指す方針です。

　引き続き，お客さまとの十分な対話を重ねながら，政策保有株式の削減に取り組んでまいります。

（自己資本比率等の状況）

　（参考）

　自己資本比率は，「銀行法第14条の2の規定に基づき，銀行がその保有する資産等に照らし自己資本の充実の状況が適当であるかどうかを判断するための基準」（平成18年金融庁告示第19号）に定められた算式に基づき，連結ベースと単体ベースの双方について算出しております。

　当行は，国際統一基準を適用のうえ，信用リスク・アセットの算出においては

先進的内部格付手法を採用しております。

　また，マーケット・リスク規制を導入しており，オペレーショナル・リスク相当額の算出においては先進的計測手法を採用しております。また，自己資本比率の補完的指標であるレバレッジ比率は，「銀行法第14条の2の規定に基づき，銀行がその保有する資産等に照らし自己資本の充実の状況が適当であるかどうかを判断するための基準の補完的指標として定めるレバレッジに係る健全性を判断するための基準」（平成31年金融庁告示第11号）に定められた算式に基づき，連結ベースと単体ベースの双方について算出しております。

連結自己資本比率（国際統一基準）

（単位：億円，％）

	2022年3月31日	2023年3月31日
１．連結総自己資本比率（4／7）	15.78	15.34
２．連結Tier1比率（5／7）	14.53	14.15
３．連結普通株式等Tier1比率（6／7）	12.67	12.43
４．連結における総自己資本の額	104,371	108,023
５．連結におけるTier1資本の額	96,128	99,632
６．連結における普通株式等Tier1資本の額	83,827	87,556
７．リスク・アセットの額	661,205	704,020
８．連結総所要自己資本額	52,896	56,322

連結レバレッジ比率（国際統一基準）

（単位：％）

	2022年3月31日	2023年3月31日
連結レバレッジ比率	4.82	4.69

単体自己資本比率（国際統一基準）

（単位：億円，％）

	2022年3月31日	2023年3月31日
１．単体総自己資本比率（4／7）	14.77	13.97
２．単体Tier1比率（5／7）	13.49	12.63
３．単体普通株式等Tier1比率（6／7）	11.53	10.81
４．単体における総自己資本の額	91,435	90,984
５．単体におけるTier1資本の額	83,510	82,236
６．単体における普通株式等Tier1資本の額	71,416	70,396
７．リスク・アセットの額	618,953	651,030
８．単体総所要自己資本額	49,516	52,082

単体レバレッジ比率（国際統一基準）

（単位：％）

	2022年3月31日	2023年3月31日
単体レバレッジ比率	4.51	4.27

5　重要な会計上の見積り ···

　当行が連結財務諸表の作成に当たって用いた会計上の見積りのうち，重要なものについては，「第5 経理の状況 1 連結財務諸表等 注記事項（重要な会計上の見積り）」に記載しております。

6　「金融機関の信託業務の兼営等に関する法律」に基づく信託業務の状況 ·······

　「金融機関の信託業務の兼営等に関する法律」に基づき信託業務を営む連結会社毎の信託財産額を合算しております。なお，連結会社のうち，該当する信託業務を営む会社は当行及び株式会社SMBC信託銀行です。

①　信託財産の運用／受入の状況（信託財産残高表）

	資産			
科目	前連結会計年度 （2022年3月31日現在）		当連結会計年度 （2023年3月31日現在）	
	金額(百万円)	構成比(%)	金額(百万円)	構成比(%)
貸出金	751,813	4.64	1,147,027	6.86
有価証券	1,443,962	8.91	1,484,975	8.89
投資信託外国投資	—	—	285	0.00
信託受益権	2,031,576	12.54	1,980,244	11.85
受託有価証券	996,253	6.15	1,005,039	6.01
金銭債権	6,666,801	41.16	6,273,758	37.55
有形固定資産	1,667,918	10.30	2,168,285	12.98
無形固定資産	1,999	0.01	1,999	0.01
その他債権	49,873	0.31	49,432	0.30
銀行勘定貸	2,443,537	15.09	2,412,752	14.44
現金預け金	144,283	0.89	184,967	1.11
その他	29	0.00	22	0.00
合計	16,198,049	100.00	16,708,792	100.00

負債				
科目	前連結会計年度 (2022年3月31日現在)		当連結会計年度 (2023年3月31日現在)	
	金額(百万円)	構成比(%)	金額(百万円)	構成比(%)
金銭信託	3,404,812	21.02	3,575,640	21.40
投資信託	1,667,752	10.30	1,591,229	9.52
金銭信託以外の金銭の信託	658,962	4.07	968,763	5.80
有価証券の信託	998,432	6.16	1,007,823	6.03
金銭債権の信託	6,390,008	39.45	5,857,936	35.06
包括信託	3,077,900	19.00	3,706,784	22.19
その他の信託	180	0.00	612	0.00
合計	16,198,049	100.00	16,708,792	100.00

(注) 1　共同信託他社管理財産は前連結会計年度末91,092百万円，当連結会計年度末119,081百万円であります。

　　 2　上記以外の自己信託に係る信託財産残高は前連結会計年度末50,651百万円，当連結会計年度末63,778百万円であります。

②　貸出金残高の状況（業種別貸出状況）

業種別	前連結会計年度 (2022年3月31日現在)		当連結会計年度 (2023年3月31日現在)	
	金額(百万円)	構成比(%)	金額(百万円)	構成比(%)
製造業	—	—	39,000	3.40
農業、林業、漁業及び鉱業	41,600	5.53	41,600	3.63
建設業	10,534	1.40	11,708	1.02
運輸、情報通信、公益事業	267,498	35.58	289,422	25.23
卸売・小売業	—	—	—	—
金融・保険業	197,147	26.22	233,244	20.33
不動産業、物品賃貸業	116,194	15.46	414,613	36.15
各種サービス業	3,575	0.48	3,496	0.31
地方公共団体	95,539	12.71	91,813	8.00
その他	19,724	2.62	22,127	1.93
合計	751,813	100.00	1,147,027	100.00

③　有価証券残高の状況

	前連結会計年度 (2022年3月31日現在)		当連結会計年度 (2023年3月31日現在)	
	金額(百万円)	構成比(%)	金額(百万円)	構成比(%)
国債	20,467	1.42	18,622	1.25
社債	849,690	58.84	861,384	58.01
株式	291,235	20.17	302,670	20.38
その他の証券	282,568	19.57	302,298	20.36
合計	1,443,962	100.00	1,484,975	100.00

④ 元本補填契約のある信託の運用／受入状況（末残）

金銭信託

科目	前連結会計年度 （2022年3月31日現在） 金額(百万円)	当連結会計年度 （2023年3月31日現在） 金額(百万円)
銀行勘定貸	20,463	26,574
資産計	20,463	26,574
元本	20,462	26,574
その他	0	0
負債計	20,463	26,574

（資産の査定）

（参考）

　資産の査定は，「金融機能の再生のための緊急措置に関する法律」（平成10年法律第132号）第6条に基づき，当行の貸借対照表の社債（当該社債を有する金融機関がその元本の償還及び利息の支払の全部又は一部について保証しているものであって，当該社債の発行が金融商品取引法（昭和23年法律第25号）第2条第3項に規定する有価証券の私募によるものに限る），貸出金，外国為替，その他資産中の未収利息及び仮払金並びに支払承諾見返の各勘定に計上されるもの並びに欄外に注記することとされている有価証券の貸付けを行っている場合のその有価証券（使用貸借又は賃貸借契約によるものに限る）について債務者の財政状態及び経営成績等を基礎として次のとおり区分するものであります。

1　破産更生債権及びこれらに準ずる債権

　破産更生債権及びこれらに準ずる債権とは，破産手続開始，更生手続開始，再生手続開始の申立て等の事由により経営破綻に陥っている債務者に対する債権及びこれらに準ずる債権をいう。

2　危険債権

　危険債権とは，債務者が経営破綻の状態には至っていないが，財政状態及び経営成績が悪化し，契約に従った債権の元本の回収及び利息の受取りができない可能性の高い債権をいう。

3　要管理債権

　要管理債権とは，三月以上延滞債権及び貸出条件緩和債権をいう。

4 正常債権

正常債権とは，債務者の財政状態及び経営成績に特に問題がないものとして，上記1から3までに掲げる債権以外のものに区分される債権をいう。

資産の査定の額

当行単体

債権の区分	2022年3月31日現在	2023年3月31日現在
	金額(億円)	金額(億円)
破産更生債権及びこれらに準ずる債権	792	755
危険債権	5,223	3,758
要管理債権	2,038	1,352
正常債権	1,033,235	1,125,329

1 設備投資等の概要

　当行において，お客さまの利便性向上と業務の効率化推進のために事務機械等のシステム関連投資や拠点の新設・統合等を行いましたこと等から，当連結会計年度中の設備投資の総額は1,724億円となりました。

　なお，当連結会計年度中における設備の除却，売却等については，重要なものはありません。

会社名	報告セグメント	金額(百万円)
株式会社三井住友銀行	ホールセール部門 リテール部門 グローバルバンキング部門 市場営業部門 本社管理	140,679
株式会社SMBC信託銀行	グローバルバンキング部門 本社管理	4,729
その他	—	27,012
合計		172,421

(point) **財政状態，経営成績及びキャッシュ・フローの状況の分析**

　「事業等の概要」の内容などをこの項目で詳しく説明している場合があるため，この項目も非常に重要。自社が事業を行っている市場は今後も成長するのか，それは世界のどの地域なのか，今社会の流れはどうなっていて，それに対して売上を伸ばすために何をしているのか，収益を左右する費用はなにか，などとても有益な情報が多い。

2 主要な設備の状況

当連結会計年度末における主要な設備の状況は次のとおりであります。

(2023年3月31日現在)

会社名	報告セグメント	店舗名その他	所在地	設備の内容	土地 面積(㎡)	建物	動産	リース資産	合計	従業員数(人)
					帳簿価額(百万円)					
株式会社 三井住友銀行	ホールセール部門 リテール部門 グローバル バンキング部門 市場営業部門 本社管理	本店	東京都 千代田区	店舗・事務所	—	8,732	1,826	6	10,566	2,650
		東館	東京都 千代田区	事務所	5,956	121,939	38,170	3,606	—	163,716	1,903
		大阪本店営業部	大阪市 中央区	店舗・事務所	8,334	11,978	7,813	298	—	20,090	820
		神戸営業部	神戸市 中央区	店舗・事務所	6,433	6,159	5,106	132	—	11,398	430
		大和センター	神奈川県 大和市	事務センター	15,537	1,924	3,182	803	—	5,910	—
		鯰谷センター	大阪市 中央区	事務センター	4,707	2,156	3,480	333	—	5,971	—
		札幌支店 ほか 5店	北海道・東北地区	店舗	632	1,071	621	60	—	1,753	131
		横浜支店 ほか143店	関東地区 (除く東京都)	店舗	16,691 (735)	11,499	8,405	2,164	95	22,165	1,954
		人形町支店 ほか319店	東京都	店舗	36,640 (5,863)	49,920	36,243	4,064	117	90,345	6,946
		名古屋支店 ほか 57店	中部地区	店舗	8,273	6,347	3,223	559	—	10,130	794
		京都支店 ほか126店	近畿地区 (除く大阪府)	店舗	21,788 (1,828)	8,417	9,963	2,032	—	20,412	1,759
		大阪中央支店 ほか220店	大阪府	店舗	29,653 (1,548)	19,474	11,183	2,021	—	32,678	3,214
		岡山支店 ほか 14店	中国・四国地区	店舗	3,580	1,630	1,236	94	—	2,961	214
		福岡支店 ほか 21店	九州地区	店舗	2,846	3,322	1,372	161	—	4,857	287
		ニューヨーク支店 ほか 14店	米州地域	店舗・事務所	—	7,536	2,933	—	10,470	2,941
		デュッセルドルフ支店 ほか 7店	欧州中東地域	店舗・事務所	—	777	31	—	808	218
		香港支店 ほか 19店	アジア・オセアニア地域	店舗・事務所	—	5,075	2,271	—	7,347	3,579
		社宅・寮	東京都他	社宅・寮	159,416 (820)	49,774	33,235	599	—	83,609	—
		その他の施設	東京都他	事務所・研修所他	306,928 (3,217)	132,504	64,755	6,954	—	204,213	—
(国内連結子会社) 株式会社 SMBC信託銀行	グローバル バンキング部門 本社管理	本店	東京都 千代田区	店舗・事務所	—	329	406	—	735	1,021

(注) 1 「土地」の「面積」欄の( )内は借地の面積(内書き)であり,その年間賃借料は建物も含め,
　　 53,506百万円であります。

　　 2 動産は,事務機械13,315百万円,その他18,041百万円であります。

　　 3 当行の店舗外現金自動設備51,310か所,海外駐在員事務所3か所,代理店2店は上記に含めて記載
　　 しております。

　　 4 上記には,連結会社以外に貸与している土地,建物が含まれており,その主な内容は次のとおりで
　　 あります。

東館	建物	7,487百万円
大阪本店営業部	建物	204百万円
北海道・東北地区	建物	18百万円

関東地区（除く東京都）	土地	1,884百万円	（3,142m^2）,	建物	223百万円
東京都	土地	5,033百万円	（3,461m^2）,	建物	4,510百万円
中部地区	土地	188百万円	（866m^2）,	建物	25百万円
近畿地区（除く大阪府）	土地	1,413百万円	（4,230m^2）,	建物	383百万円
大阪府	土地	2,910百万円	（7,307m^2）,	建物	163百万円
中国・四国地区				建物	8百万円
九州地区	土地	647百万円	（576m^2）,	建物	6百万円

5 上記のほか，当行は，ソフトウエア資産277,778百万円を所有しております。

3 設備の新設，除却等の計画

当連結会計年度末において計画中である重要な設備の新設・改修，除却・売却は次のとおりであります。

会社名	報告セグメント	店舗名その他	所在地	区分	設備の内容	投資予定額（百万円）		資金調達方法	着手年月	完了予定年月
						総額	既支払額			
株式会社三井住友銀行	ホールセール部門リテール部門グローバルバンキング部門市場営業部門本社管理	—	—	新設・改修等	店舗・事務所等	36,100	—	自己資金	—	（注）2
		—	—	新設・改修等	事務機械	20,000	—	自己資金	—	（注）3
		—	—	新設・改修等	ソフトウエア	114,000	—	自己資金	—	（注）4

（注）1　上記設備計画の記載金額には，消費税及び地方消費税を含んでおりません。

　　　2　店舗・事務所等の主なものは2024年3月までに完了予定であります。

　　　3　事務機械の主なものは2024年3月までに完了予定であります。

　　　4　ソフトウエアの主なものは2024年3月までに完了予定であります。

提出会社の状況

1　株式等の状況

（1）　株式の総数等 ‥‥‥‥‥‥‥‥‥‥‥‥‥‥‥‥‥‥‥‥‥‥‥‥‥

①　株式の総数

種類	発行可能株式総数(株)
普通株式	240,000,000
第五種優先株式	167,000
第六種優先株式	70,001
第七種優先株式	167,000
第八種優先株式	115,000
第九種優先株式	115,000
計	240,634,001

②　発行済株式

種類	事業年度末現在 発行数(株) (2023年3月31日)	提出日現在 発行数(株) (2023年6月22日)	上場金融商品取引所 名又は登録認可金融 商品取引業協会名	内容
普通株式	106,248,400	同左	―	完全議決権株式であり、権利内容に何ら限定のない当行における標準となる株式 （注）1
第1回第六種優先株式	70,001	同左	―	（注）1，2，3
計	106,318,401	同左	―	―

（注）1　当行は，単元株制度を採用しておりません。

　　　2　第1回第六種優先株式の主な内容は次のとおりであります。

　　（1）　優先配当金

　　　　①　当銀行は，剰余金の配当を行うときは，第1回第六種優先株式を有する株主（以下「第1回第六種優先株主」という。下記3において同じ）または第1回第六種優先株式の登録株式質権者(以下「第1回第六種優先登録株式質権者」という）に対し，普通株主または普通登録株式質権者に先立ち，第1回第六種優先株式1株につき88,500円の金銭による剰余金の配当（かかる配当により支払われる金銭を，以下「優先配当金」という）を行う。ただし，当該事業年度において下記（2）に定める優先中間配当金を支払ったときは，当該優先中間配当金の額を控除した額を支払うものとする。

　　　　②　ある事業年度において，第1回第六種優先株主または第1回第六種優先登録株式質権者に対して行う金銭による剰余金の配当の額が優先配当金の額に満たないときは，その不足額は，翌事業年度以降に累積しない。

　　　　③　第1回第六種優先株主または第1回第六種優先登録株式質権者に対しては，優先配当金の額を

超えて配当は行わない。
(2) 優先中間配当金

当銀行は，中間配当を行うときは，第1回第六種優先株主または第1回第六種優先登録株式質権者に対し，普通株主または普通登録株式質権者に先立ち，第1回第六種優先株式1株につき88,500円を上限として中間配当金を支払う。

(3) 残余財産の分配
① 当銀行は，残余財産を分配するときは，第1回第六種優先株主または第1回第六種優先登録株式質権者に対し，普通株主または普通登録株式質権者に先立ち，第1回第六種優先株式1株につき3,000,000円を支払う。
② 第1回第六種優先株主または第1回第六種優先登録株式質権者に対しては，前項のほか，残余財産の分配は行わない。

(4) 取得条項

当銀行は，第1回第六種優先株式発行後，2011年3月31日以降はいつでも，第1回第六種優先株式1株につき3,000,000円の金銭の交付と引換えに，第1回第六種優先株式の一部又は全部を取得することができる。一部を取得するときは，抽選または按分比例の方法によりこれを行う。

(5) 議決権

第1回第六種優先株主は，株主総会において議決権を有しない。ただし，優先配当金を受ける旨の議案が定時株主総会に提出されなかったときは当該定時株主総会より，優先配当金を受ける旨の議案が定時株主総会において否決されたときは当該定時株主総会終結の時より，優先配当金を受ける旨の決議がある時までは議決権を有するものとする。

(6) 株式の併合または分割，募集株式の割当てを受ける権利等
① 当銀行は，法令に定める場合を除き，第1回第六種優先株式について株式の併合または分割は行わない。
② 当銀行は，第1回第六種優先株主に対し，募集株式または募集新株予約権の割当てを受ける権利を与えない。
③ 当銀行は，第1回第六種優先株主に対し，株式または新株予約権の無償割当ては行わない。

(7) 会社法第322条第2項に規定する定款の定め（ある種類の株式の内容として，会社の行為が種類株主に損害を及ぼすおそれがあるときに種類株主総会の決議を要しない旨の定め）の有無該当事項なし。

3 第1回第六種優先株主は，株主総会において議決権を有しておりません（ただし，優先配当金を受ける旨の議案が定時株主総会に提出されなかったときは当該定時株主総会より，優先配当金を受ける旨の議案が定時株主総会において否決されたときは当該定時株主総会終結の時より，優先配当金を受ける旨の決議がある時までは議決権を有します）。これは，当該優先株式を配当金や残余財産の分配について優先権を持つ代わりに議決権がない内容としたことによるものであります。

経理の状況

1. 当行の連結財務諸表は、「連結財務諸表の用語、様式及び作成方法に関する規則」（昭和51年大蔵省令第28号）に基づいて作成しておりますが、資産及び負債の分類並びに収益及び費用の分類は、「銀行法施行規則」（昭和57年大蔵省令第10号）に準拠しております。

2. 当行の財務諸表は、「財務諸表等の用語、様式及び作成方法に関する規則」（昭和38年大蔵省令第59号）に基づいて作成しておりますが、資産及び負債の分類並びに収益及び費用の分類は、「銀行法施行規則」（昭和57年大蔵省令第10号）に準拠しております。

3. 連結財務諸表及び財務諸表その他の事項の金額については、百万円未満を切り捨てて表示しております。

4. 当行は、金融商品取引法第193条の2第1項の規定に基づき、連結会計年度（自2022年4月1日至2023年3月31日）の連結財務諸表及び事業年度（自2022年4月1日至2023年3月31日）の財務諸表について、有限責任あずさ監査法人の監査証明を受けております。

5. 当行は、連結財務諸表等の適正性を確保するための特段の取組みとして、具体的には、公益財団法人財務会計基準機構に加入し、同機構の行う研修に参加するなど、会計基準等の内容を適切に把握し、また会計基準等の変更について的確に対応するための体制を整備しております。

1 連結財務諸表等

(1) 【連結財務諸表】 ···

① 【連結貸借対照表】

(単位:百万円)

	前連結会計年度 (2022年3月31日現在)		当連結会計年度 (2023年3月31日現在)	
資産の部				
現金預け金	※5	72,742,334	※5	73,403,912
コールローン及び買入手形		3,265,134		6,374,812
買現先勘定		3,856,984		4,603,145
債券貸借取引支払保証金		1,874,221		1,612,415
買入金銭債権		5,363,980		5,549,887
特定取引資産	※5	3,780,424	※5	4,084,755
金銭の信託		0		0
有価証券	※1,※2,※3,※5,※13	37,465,859	※1,※2,※3,※5,※13	32,074,167
貸出金	※3,※4,※5,※6	92,472,845	※3,※4,※5,※6	99,823,911
外国為替	※3,※4	2,799,157	※3,※4	1,940,736
リース債権及びリース投資資産		228,608		226,302
その他資産	※3,※5	6,312,402	※3,※5	8,753,186
有形固定資産	※7,※8,※9	1,297,011	※7,※8,※9	1,337,805
賃貸資産		456,108		519,308
建物		276,407		244,155
土地		412,235		375,127
リース資産		1,549		275
建設仮勘定		26,580		30,557
その他の有形固定資産		124,129		168,381
無形固定資産		314,145		354,939
ソフトウエア		262,615		307,411
その他の無形固定資産		51,529		47,494
退職給付に係る資産		616,206		698,974
繰延税金資産		52,543		57,428
支払承諾見返	※3	10,342,818	※3	12,278,891
貸倒引当金		△678,743		△607,747
資産の部合計		242,105,934		252,567,523

	前連結会計年度 (2022年3月31日現在)		当連結会計年度 (2023年3月31日現在)	
負債の部				
預金	※5	149,249,696	※5	159,251,139
譲渡性預金		13,460,296		13,252,060
コールマネー及び売渡手形		704,999		786,055
売現先勘定	※5	16,350,836	※5	14,194,027
債券貸借取引受入担保金	※5	305,779	※5	438,094
コマーシャル・ペーパー		1,856,909		2,320,969
特定取引負債		2,788,884		4,234,268
借用金	※5, ※10	26,887,509	※5, ※10	22,246,521
外国為替		1,265,002		1,496,765
社債	※11	812,303	※11	681,821
信託勘定借	※5, ※12	2,443,873	※5, ※12	2,413,464
その他負債		5,980,727		8,811,706
賞与引当金		44,526		52,102
役員賞与引当金		1,497		1,623
退職給付に係る負債		10,985		6,367
役員退職慰労引当金		580		596
ポイント引当金		870		1,140
睡眠預金払戻損失引当金		5,767		10,845
繰延税金負債		343,017		325,598
再評価に係る繰延税金負債	※7	29,193	※7	27,952
支払承諾		10,342,818		12,278,891
負債の部合計		232,886,075		242,832,013
純資産の部				
資本金		1,770,996		1,770,996
資本剰余金		1,966,205		1,965,682
利益剰余金		3,867,551		4,239,771
自己株式		△210,003		△210,003
株主資本合計		7,394,750		7,766,447
その他有価証券評価差額金		1,253,370		972,941
繰延ヘッジ損益		△74,044		△15,964
土地再評価差額金	※7	36,320	※7	35,005
為替換算調整勘定		361,502		697,887
退職給付に係る調整累計額		118,548		131,222
その他の包括利益累計額合計		1,695,697		1,821,091
非支配株主持分		129,411		147,969
純資産の部合計		9,219,858		9,735,509
負債及び純資産の部合計		242,105,934		252,567,523

② 【連結損益計算書及び連結包括利益計算書】

【連結損益計算書】

(単位：百万円)

	前連結会計年度 (自 2021年4月1日 至 2022年3月31日)	当連結会計年度 (自 2022年4月1日 至 2023年3月31日)
経常収益	2,990,450	4,991,948
資金運用収益	1,657,035	3,464,103
貸出金利息	1,157,042	2,189,970
有価証券利息配当金	333,532	423,966
コールローン利息及び買入手形利息	15,921	77,003
買現先利息	10,382	60,800
債券貸借取引受入利息	588	579
預け金利息	20,208	300,521
リース受入利息	6,932	8,676
その他の受入利息	112,426	402,582
信託報酬	5,940	6,752
役務取引等収益	710,850	748,894
特定取引収益	13,223	59,815
その他業務収益	333,705	436,543
賃貸料収入	33,982	39,707
その他の業務収益	299,722	396,835
その他経常収益	269,696	275,839
償却債権取立益	1,757	4,412
その他の経常収益	※1 267,938	※1 271,426
経常費用	2,122,601	3,866,020
資金調達費用	382,255	2,040,212
預金利息	90,226	796,922
譲渡性預金利息	21,468	259,659
コールマネー利息及び売渡手形利息	1,458	18,007
売現先利息	9,702	281,456
債券貸借取引支払利息	24	2,909
コマーシャル・ペーパー利息	2,251	44,181
借用金利息	201,368	291,998
社債利息	37,475	27,959
その他の支払利息	18,279	317,118
役務取引等費用	170,125	175,674
特定取引費用	14,443	—
その他業務費用	156,320	262,061
賃貸原価	24,989	31,314
その他の業務費用	131,331	230,746
営業経費	※2 1,113,576	※2 1,178,706
その他経常費用	285,879	209,365
貸倒引当金繰入額	185,632	80,973
その他の経常費用	※3 100,246	※3 128,392
経常利益	867,849	1,125,928

	前連結会計年度 （自 2021年4月1日 至 2022年3月31日）	当連結会計年度 （自 2022年4月1日 至 2023年3月31日）
特別利益	1,698	2,576
固定資産処分益	1,698	2,363
その他の特別利益	－	213
特別損失	110,423	34,445
固定資産処分損	2,177	2,256
減損損失	※1 108,246	※1 32,189
税金等調整前当期純利益	759,124	1,094,059
法人税、住民税及び事業税	223,715	215,915
法人税等調整額	△40,591	65,473
法人税等合計	183,124	281,389
当期純利益	576,000	812,669
非支配株主に帰属する当期純利益	7,755	5,627
親会社株主に帰属する当期純利益	568,244	807,042

【連結包括利益計算書】

（単位：百万円）

	前連結会計年度 （自 2021年4月1日 至 2022年3月31日）	当連結会計年度 （自 2022年4月1日 至 2023年3月31日）
当期純利益	576,000	812,669
その他の包括利益	※1 △248,056	※1 139,344
その他有価証券評価差額金	△492,606	△273,054
繰延ヘッジ損益	△112,117	52,588
為替換算調整勘定	342,257	310,859
退職給付に係る調整額	△7,360	12,788
持分法適用会社に対する持分相当額	21,770	36,162
包括利益	327,943	952,014
（内訳）		
親会社株主に係る包括利益	312,732	933,751
非支配株主に係る包括利益	15,211	18,262

③ 【連結株主資本等変動計算書】

前連結会計年度（自　2021年4月1日　至　2022年3月31日）

（単位：百万円）

	株主資本				
	資本金	資本剰余金	利益剰余金	自己株式	株主資本合計
当期首残高	1,770,996	1,966,300	3,676,110	△210,003	7,203,404
当期変動額					
剰余金の配当			△376,756		△376,756
親会社株主に帰属する当期純利益			568,244		568,244
連結子会社の減少に伴う増加			22		22
非支配株主との取引に係る親会社の持分変動		△95			△95
土地再評価差額金の取崩			△68		△68
株主資本以外の項目の当期変動額（純額）					
当期変動額合計	－	△95	191,441	－	191,345
当期末残高	1,770,996	1,966,205	3,867,551	△210,003	7,394,750

	その他の包括利益累計額						非支配株主持分	純資産合計
	その他有価証券評価差額金	繰延ヘッジ損益	土地再評価差額金	為替換算調整勘定	退職給付に係る調整累計額	その他の包括利益累計額合計		
当期首残高	1,748,263	28,751	36,251	12,494	125,380	1,951,141	101,823	9,256,369
当期変動額								
剰余金の配当								△376,756
親会社株主に帰属する当期純利益								568,244
連結子会社の減少に伴う増加								22
非支配株主との取引に係る親会社の持分変動								△95
土地再評価差額金の取崩								△68
株主資本以外の項目の当期変動額（純額）	△494,892	△102,796	68	349,007	△6,831	△255,443	27,587	△227,856
当期変動額合計	△494,892	△102,796	68	349,007	△6,831	△255,443	27,587	△36,510
当期末残高	1,253,370	△74,044	36,320	361,502	118,548	1,695,697	129,411	9,219,858

当連結会計年度（自　2022年4月1日　至　2023年3月31日）

（単位：百万円）

	株主資本				
	資本金	資本剰余金	利益剰余金	自己株式	株主資本合計
当期首残高	1,770,996	1,966,205	3,867,551	△210,003	7,394,750
当期変動額					
剰余金の配当			△437,849		△437,849
親会社株主に帰属する当期純利益			807,042		807,042
非支配株主との取引に係る親会社の持分変動		△522			△522
持分法適用の関連会社の減少に伴う増加			1,712		1,712
土地再評価差額金の取崩			1,314		1,314
株主資本以外の項目の当期変動額（純額）					
当期変動額合計	－	△522	372,219	－	371,697
当期末残高	1,770,996	1,965,682	4,239,771	△210,003	7,766,447

	その他の包括利益累計額						非支配株主持分	純資産合計
	その他有価証券評価差額金	繰延ヘッジ損益	土地再評価差額金	為替換算調整勘定	退職給付に係る調整累計額	その他の包括利益累計額合計		
当期首残高	1,253,370	△74,044	36,320	361,502	118,548	1,695,697	129,411	9,219,858
当期変動額								
剰余金の配当								△437,849
親会社株主に帰属する当期純利益								807,042
非支配株主との取引に係る親会社の持分変動								△522
持分法適用の関連会社の減少に伴う増加								1,712
土地再評価差額金の取崩								1,314
株主資本以外の項目の当期変動額（純額）	△280,429	58,079	△1,314	336,385	12,673	125,394	18,558	143,953
当期変動額合計	△280,429	58,079	△1,314	336,385	12,673	125,394	18,558	515,650
当期末残高	972,941	△15,964	35,005	697,887	131,222	1,821,091	147,969	9,735,509

④ 【連結キャッシュ・フロー計算書】

（単位：百万円）

	前連結会計年度 （自 2021年4月1日 至 2022年3月31日）	当連結会計年度 （自 2022年4月1日 至 2023年3月31日）
営業活動によるキャッシュ・フロー		
税金等調整前当期純利益	759,124	1,094,059
減価償却費	151,734	153,133
減損損失	108,246	32,189
のれん償却額	－	1,649
段階取得に係る差損益（△は益）	－	△213
持分法による投資損益（△は益）	△6,788	△41,409
貸倒引当金の増減額（△は減少）	167,550	△78,196
賞与引当金の増減額（△は減少）	△234	4,178
役員賞与引当金の増減額（△は減少）	26	113
退職給付に係る資産負債の増減額	△51,062	△86,961
役員退職慰労引当金の増減額（△は減少）	△8	15
ポイント引当金の増減額（△は減少）	266	269
睡眠預金払戻損失引当金の増減額（△は減少）	△4,214	5,077
資金運用収益	△1,657,035	△3,464,103
資金調達費用	382,255	2,040,212
有価証券関係損益（△）	△168,910	△49,766
金銭の信託の運用損益（△は運用益）	△0	△0
為替差損益（△は益）	△624,333	△645,090
固定資産処分損益（△は益）	478	△107
特定取引資産の純増（△）減	△350,654	136,557
特定取引負債の純増減（△）	△152,820	1,095,302
貸出金の純増（△）減	△5,275,385	△6,892,002
預金の純増減（△）	5,788,901	9,294,165
譲渡性預金の純増減（△）	663,896	△221,022
借用金（劣後特約付借入金を除く）の純増減（△）	816,405	△5,522,195
有利息預け金の純増（△）減	△2,904,102	△519,758
コールローン等の純増（△）減	711,906	△3,626,798
債券貸借取引支払保証金の純増（△）減	△271,777	261,806
コールマネー等の純増減（△）	2,555,206	△2,337,887
コマーシャル・ペーパーの純増減（△）	98,789	384,060
債券貸借取引受入担保金の純増減（△）	△245,597	132,311
外国為替（資産）の純増（△）減	△622,272	866,374
外国為替（負債）の純増減（△）	106,431	227,522
リース債権及びリース投資資産の純増（△）減	26,248	20,819
普通社債発行及び償還による増減（△）	△132,878	△209,404
信託勘定借の純増減（△）	122,649	△30,408
資金運用による収入	1,676,762	3,217,226
資金調達による支出	△385,261	△1,890,927
その他	△12,035	335,745
小計	1,301,511	△6,313,459
法人税等の支払額	△209,992	△357,596
営業活動によるキャッシュ・フロー	1,091,518	△6,671,056

(point) **設備投資等の概要**

セグメントごとの設備投資額を公開している。多くの企業にとって設備投資は競争力向上・維持のために必要不可欠だ。企業は売上の数％など一定の水準を設定して毎年設備への投資を行う。半導体などのテクノロジー関連企業は装置産業であり，技術発展のスピードが速いため，常に多額の設備投資を行う宿命にある。

	前連結会計年度 （自 2021年4月1日 至 2022年3月31日）	当連結会計年度 （自 2022年4月1日 至 2023年3月31日）
投資活動によるキャッシュ・フロー		
有価証券の取得による支出	△37,046,063	△33,395,512
有価証券の売却による収入	18,614,071	17,876,486
有価証券の償還による収入	16,468,614	21,746,425
金銭の信託の増加による支出	△0	△0
金銭の信託の減少による収入	0	0
有形固定資産の取得による支出	△70,627	△81,171
有形固定資産の売却による収入	2,724	9,162
無形固定資産の取得による支出	△113,207	△116,037
連結の範囲の変更を伴う子会社株式の売却による収入	※2 200,601	—
投資活動によるキャッシュ・フロー	△1,943,886	6,039,352
財務活動によるキャッシュ・フロー		
劣後特約付借入れによる収入	1,194,319	1,336,104
劣後特約付借入金の返済による支出	△890,493	△1,192,013
劣後特約付社債及び新株予約権付社債の償還による支出	△246,065	—
配当金の支払額	△376,756	△437,849
非支配株主への配当金の支払額	△1,230	△2,044
連結の範囲の変更を伴わない子会社株式の売却による収入	51	956
財務活動によるキャッシュ・フロー	△320,174	△294,845
現金及び現金同等物に係る換算差額	367,217	355,868
現金及び現金同等物の増減額（△は減少）	△805,325	△570,681
現金及び現金同等物の期首残高	65,641,797	64,836,471
現金及び現金同等物の期末残高	※1 64,836,471	※1 64,265,790

(point) **主要な設備の状況**

「設備投資等の概要」では各セグメントの1年間の設備投資金額のみの掲載だが，ここではより詳細に，現在セグメント別，または各子会社が保有している土地，建物，機械装置の金額が合計でどれくらいなのか知ることができる。

【注記事項】
（連結財務諸表作成のための基本となる重要な事項）
1．連結の範囲に関する事項
（1）　連結子会社　　118社
　主要な連結子会社名は，「第1企業の概況4関係会社の状況」に記載しているため省略いたしました。

　当連結会計年度より，6社を新規設立等により連結子会社としております。

　また，4社は清算等により子会社でなくなったため，当連結会計年度より連結子会社から除外しております。

（2）　非連結子会社
　主要な会社名

　Energy Opportunity Fund, L. P.

　非連結子会社5社は投資事業組合であり，その資産及び損益は実質的に当該子会社に帰属しないものであるため，「連結財務諸表の用語，様式及び作成方法に関する規則」第5条第1項第2号により，連結の範囲から除外しております。

2．持分法の適用に関する事項
（1）　持分法適用の非連結子会社
　該当ありません。

（2）　持分法適用の関連会社　　231社
　主要な持分法適用の関連会社名は，「第1 企業の概況 4 関係会社の状況」に記載しているため省略いたしました。

　当連結会計年度より，192社を株式の取得等により持分法適用の関連会社としております。

　また，Vietnam Export Import Commercial Joint Stock Bank他4社は，株式を売却したこと等により関連会社でなくなったため，当連結会計年度より持分法適用の関連会社から除外しております。

(3) 持分法非適用の非連結子会社 ・・

　持分法非適用の非連結子会社5社は投資事業組合であり，その資産及び損益は実質的に当該子会社に帰属しないものであるため，「連結財務諸表の用語，様式及び作成方法に関する規則」第10条第1項第2号により，持分法非適用としております。

(4) 持分法非適用の関連会社 ・・・

　主要な会社名

Park Square Capital / SMBC Loan Programme S.à r.l.

　持分法非適用の関連会社の当期純損益（持分に見合う額）及び利益剰余金（持分に見合う額）等のそれぞれの合計額は，持分法適用の対象から除いても企業集団の財政状態及び経営成績に関する合理的な判断を妨げない程度に重要性が乏しいものであります。

3. 連結子会社の事業年度等に関する事項 ・・・・・・・・・・・・・・・・・・・・・・・・・・・・・・・・・・

(1)　連結子会社の決算日は次のとおりであります。

6月末日	1社
10月末日	2社
12月末日	70社
3月末日	45社

(2)　6月末日を決算日とする連結子会社は12月末日現在，10月末日を決算日とする連結子会社は1月末日現在，一部の12月末日を決算日とする連結子会社は3月末日現在で実施した仮決算に基づく財務諸表により，また，その他の連結子会社については，それぞれの決算日の財務諸表により連結しております。

　連結決算日と上記の決算日等との間に生じた重要な取引については，必要な調整を行っております。

(point) **設備の新設，除却等の計画**

　ここでは今後，会社がどの程度の設備投資を計画しているか知ることができる。毎期どれくらいの設備投資を行っているか確認すると，技術等での競争力維持に積極的な姿勢かどうか，どのセグメントを重要視しているか分かる。また景気が悪化したときは設備投資額を減らす傾向にある。

4. 会計方針に関する事項 ……………………………………………………

(1) 特定取引資産・負債の評価基準及び収益・費用の計上基準 ………………

金利，通貨の価格，金融商品市場における相場その他の指標に係る短期的な変動，市場間の格差等を利用して利益を得る等の目的（以下，「特定取引目的」という）の取引については，取引の約定時点を基準とし，連結貸借対照表上「特定取引資産」及び「特定取引負債」に計上するとともに，当該取引からの損益を連結損益計算書上「特定取引収益」及び「特定取引費用」に計上しております。

特定取引資産及び特定取引負債の評価は，有価証券及び金銭債権等については連結決算日等の時価により，スワップ・先物・オプション取引等の派生商品については連結決算日等において決済したものとみなした額により行っております。

また，特定取引収益及び特定取引費用の損益計上は，当連結会計年度中の受払利息等に，有価証券及び金銭債権等については前連結会計年度末と当連結会計年度末における評価損益の増減額を，派生商品については前連結会計年度末と当連結会計年度末におけるみなし決済からの損益相当額の増減額を加えております。

なお，デリバティブ取引については，特定の市場リスク及び特定の信用リスクの評価に関して，金融資産及び金融負債を相殺した後の正味の資産又は負債を基礎として，当該金融資産及び金融負債のグループを単位とした時価を算定しております。

(2) 有価証券の評価基準及び評価方法 ……………………………………………

① 有価証券の評価は，満期保有目的の債券については移動平均法による償却原価法（定額法），持分法非適用の関連会社株式については移動平均法による原価法，その他有価証券については時価法（売却原価は主として移動平均法により算定），ただし市場価格のない株式等については移動平均法による原価法により行っております。

なお，その他有価証券の評価差額については，時価ヘッジの適用により損益に反映させた額を除き，全部純資産直入法により処理しております。

② 金銭の信託において信託財産を構成している有価証券の評価は，上記（1）及

---

point 株式の総数等

発行可能株式総数とは，会社が発行することができる株式の総数のことを指す。役員会では，株主総会の了承を得ないで，必要に応じてその株数まで，株を発行することができる。敵対的TOBでは，経営陣が，自社をサポートしてくれる側に，新株を第三者割り当てで発行して，買収を防止することがある。

び（2）①と同じ方法により行っております。

（3）　デリバティブ取引の評価基準及び評価方法 ································

　デリバティブ取引（特定取引目的の取引を除く）の評価は，時価法により行っております。なお，特定の市場リスク及び特定の信用リスクの評価に関して，金融資産及び金融負債を相殺した後の正味の資産又は負債を基礎として，当該金融資産及び金融負債のグループを単位とした時価を算定しております。

（4）　固定資産の減価償却の方法 ·································

① 有形固定資産（賃貸資産及びリース資産を除く）

　当行の有形固定資産は，定額法（ただし，建物以外については定率法）を採用しております。また，主な耐用年数は次のとおりであります。

　　建　物　7年〜50年

　　その他　2年〜20年

　連結子会社の有形固定資産については，資産の見積耐用年数に基づき，主として定額法により償却しております。

② 無形固定資産

　無形固定資産は，定額法により償却しております。なお，自社利用のソフトウエアについては，当行及び国内連結子会社における利用可能期間（5年〜10年）に基づいて償却しております。

③ 賃貸資産

　主にリース期間又は資産の見積耐用年数を償却年数とし，期間満了時の処分見積価額を残存価額とする定額法により償却しております。

④ リース資産

　所有権移転外ファイナンス・リース取引に係る「有形固定資産」中のリース資産は，リース期間を耐用年数とし，残存価額を零とする定額法により償却しております。

(5) 貸倒引当金の計上基準 ···

　当行及び主要な連結子会社の貸倒引当金は，予め定めている償却・引当基準に則り，次のとおり計上しております。

　破産，特別清算等，法的に経営破綻の事実が発生している債務者（以下，「破綻先」という）に係る債権及びそれと同等の状況にある債務者（以下,「実質破綻先」という）に係る債権については，以下のなお書きに記載されている直接減額後の帳簿価額から，担保の処分可能見込額及び保証による回収可能見込額を控除し，その残額を計上しております。また，現在は経営破綻の状況にないが，今後経営破綻に陥る可能性が大きいと認められる債務者（以下，「破綻懸念先」という）に係る債権については，債権額から，担保の処分可能見込額及び保証による回収可能見込額を控除し，その残額のうち，債務者の支払能力を総合的に判断し必要と認める額を計上しております。

　当行においては，債権の元本の回収及び利息の受取りに係るキャッシュ・フローを合理的に見積もることができる破綻先，実質破綻先，破綻懸念先に係る債権及び債権の全部又は一部が三月以上延滞債権又は貸出条件緩和債権に分類された今後の管理に注意を要する債務者に対する債権のうち与信額一定額以上の大口債務者に係る債権等については，キャッシュ・フロー見積法（DCF法）を適用し，債権の元本の回収及び利息の受取りに係るキャッシュ・フローを合理的に見積もり，当該キャッシュ・フローを当初の約定利子率で割り引いた金額と債権の帳簿価額との差額を計上しております。

　上記以外の債権については，主として今後1年間の予想損失額又は今後3年間の予想損失額を見込んで計上しており，予想損失額は，1年間又は3年間の貸倒実績又は倒産実績を基礎とした貸倒実績率又は倒産確率の過去の一定期間における平均値に基づき損失率を求め，これに将来見込み等必要な修正を加えて算定しております。

　また，直近の経済環境やリスク要因を勘案し，過去実績や個社の債務者区分に反映しきれない，特定のポートフォリオにおける蓋然性の高い将来の見通しに基づく予想損失については，総合的な判断を踏まえて必要と認められる金額を計上しております。

(point) **連結財務諸表等**

　ここでは主に財務諸表の作成方法についての説明が書かれている。企業は大蔵省が定めた規則に従って財務諸表を作るよう義務付けられている。また金融商品法に従い，作成した財務諸表がどの監査法人によって監査を受けているかも明記されている。

特定海外債権については，対象国の政治経済情勢等を勘案して必要と認められる金額を特定海外債権引当勘定として計上しております。

すべての債権は，資産の自己査定基準に基づき，営業部店と所管審査部が資産査定を実施し，当該部署から独立した資産監査部署が査定結果を監査しております。

その他の連結子会社の貸倒引当金は，一般債権については過去の貸倒実績率等を勘案して必要と認めた額を，貸倒懸念債権等特定の債権については，個別に回収可能性を勘案し，回収不能見込額をそれぞれ計上しております。

なお，破綻先及び実質破綻先に対する担保・保証付債権等については，債権額から担保の評価額及び保証による回収が可能と認められる額を控除した残額を取立不能見込額として債権額から直接減額しており，その金額は131,148百万円（前連結会計年度末は127,278百万円）であります。

(6) 賞与引当金の計上基準

賞与引当金は，従業員への賞与の支払いに備えるため，従業員に対する賞与の支給見込額のうち，当連結会計年度に帰属する額を計上しております。

(7) 役員賞与引当金の計上基準

役員賞与引当金は，役員（執行役員を含む，以下同じ）への賞与の支払いに備えるため，役員に対する賞与の支給見込額のうち，当連結会計年度に帰属する額を計上しております。

(8) 役員退職慰労引当金の計上基準

役員退職慰労引当金は，役員に対する退職慰労金の支払いに備えるため，内規に基づく当連結会計年度末の要支給額を計上しております。

(9) ポイント引当金の計上基準

ポイント引当金は，「SMBCポイントパック」におけるポイントの将来の利用による負担に備えるため，未利用の付与済ポイントを金額に換算した残高のうち，

---

point **連結財務諸表**

ここでは貸借対照表(またはバランスシート，BS)，損益計算書(PL)，キャッシュフロー計算書の詳細を調べることができる。あまり会計に詳しくない場合は，最低限，損益計算書の売上と営業利益を見ておけばよい。可能ならば，その数字が過去5年，10年の間にどのように変化しているか調べると会社への理解が深まるだろう。

将来利用される見込額を合理的に見積もり，必要と認める額を計上しております。

（10）　睡眠預金払戻損失引当金の計上基準 ·································

睡眠預金払戻損失引当金は，一定の条件を満たし負債計上を中止した預金について，預金者からの払戻請求に備えるため，過去の払戻実績に基づく将来の払戻損失見込額を計上しております。

（11）　退職給付に係る会計処理の方法 ·································

退職給付債務の算定にあたり，退職給付見込額を当連結会計年度末までの期間に帰属させる方法については，主として給付算定式基準によっております。また，過去勤務費用及び数理計算上の差異の損益処理方法は次のとおりであります。

過去勤務費用　　　その発生時の従業員の平均残存勤務期間内の一定の年数（主として9年）による定額法により損益処理

数理計算上の差異　各連結会計年度の発生時の従業員の平均残存勤務期間内の一定の年数（主として9年）による定額法により按分した額をそれぞれ発生の翌連結会計年度から損益処理

（12）　収益の計上方法 ·································

① 収益の認識方法

顧客との契約から生じる収益は，その契約内容の取引の実態に応じて，契約ごとに識別した履行義務の充足状況に基づき認識しております。

② 主な取引における収益の認識

顧客との契約から生じる収益について，役務取引等収益の各項目における主な取引の内容及び履行義務の充足時期の判定は次のとおりであります。

預金・貸出業務収益には，主に口座振替に係る手数料等やシンジケートローンにおける貸付期間中の事務管理に係る手数料等が含まれており，顧客との取引日の時点，又は関連するサービスが提供されている期間にわたり収益を認識しております。

為替業務収益には，主に国内外の送金の手数料が含まれており，関連するサー

ビスが提供された時点で収益を認識しております。

　証券関連業務収益には，主に売買委託手数料が含まれております。売買委託手数料には，株式及び債券の販売手数料が含まれており，顧客との取引日の時点で収益を認識しております。

　代理業務収益には，主にオンライン提携に伴う銀行間受入手数料等の代理事務手数料が含まれており，関連するサービスが提供された時点，又は関連するサービスが提供されている期間にわたり収益を認識しております。

　保護預り・貸金庫業務収益には，主に保護預り品の保管料及び貸金庫・保護箱使用料が含まれており，関連するサービスが提供されている期間にわたり収益を認識しております。

投資信託関連業務収益には，主に投資信託の販売及び記録管理等の事務処理に係る手数料が含まれており，顧客との取引日の時点，又は関連するサービスが提供されている期間にわたり収益を認識しております。

（13）　外貨建の資産及び負債の本邦通貨への換算基準

　当行の外貨建資産・負債及び海外支店勘定については，取得時の為替相場による円換算額を付す子会社株式及び関連会社株式を除き，主として連結決算日の為替相場による円換算額を付しております。また，連結子会社の外貨建資産・負債については，それぞれの決算日等の為替相場により換算しております。

（14）　リース取引に関する収益及び費用の計上基準

① 　ファイナンス・リース取引に係る収益の計上基準
　　受取利息相当額を収益として各期に配分する方法によっております。

② 　オペレーティング・リース取引の収益の計上基準
　　主に，リース期間に基づくリース契約上の収受すべき月当たりのリース料を基準として，その経過期間に対応するリース料を計上しております。

（15）　重要なヘッジ会計の方法

① 　金利リスク・ヘッジ

当行は，金融資産・負債から生じる金利リスクのヘッジ取引に対するヘッジ会計の方法として，繰延ヘッジを適用しております。

小口多数の金銭債権債務に対する包括ヘッジについては，「銀行業における金融商品会計基準適用に関する会計上及び監査上の取扱い」（日本公認会計士協会業種別委員会実務指針第24号 2022年3月17日。以下，「業種別委員会実務指針第24号」という）に規定する繰延ヘッジを適用しております。

相場変動を相殺する包括ヘッジの場合には，ヘッジ対象となる預金・貸出金等とヘッジ手段である金利スワップ取引等を残存期間ごとにグルーピングのうえ有効性の評価をしております。また，キャッシュ・フローを固定する包括ヘッジの場合には，ヘッジ対象とヘッジ手段の金利変動要素の相関関係の検証により有効性の評価をしております。

個別ヘッジについても，当該個別ヘッジに係る有効性の評価をしております。

② 為替変動リスク・ヘッジ

当行は，異なる通貨での資金調達・運用を動機として行われる通貨スワップ取引及び為替スワップ取引について，「銀行業における外貨建取引等の会計処理に関する会計上及び監査上の取扱い」（日本公認会計士協会業種別委員会実務指針第25号 2020年10月8日。以下，「業種別委員会実務指針第25号」という）に基づく繰延ヘッジを適用しております。

これは，異なる通貨での資金調達・運用に伴う外貨建金銭債権債務等の為替変動リスクを減殺する目的で行う通貨スワップ取引及び為替スワップ取引について，その外貨ポジションに見合う外貨建金銭債権債務等が存在することを確認することによりヘッジの有効性を評価するものであります。

また，外貨建子会社株式及び関連会社株式並びに外貨建その他有価証券（債券以外）の為替変動リスクをヘッジするため，事前にヘッジ対象となる外貨建有価証券の銘柄を特定し，当該外貨建有価証券について外貨ベースで取得原価以上の直先負債が存在していること等を条件に，包括ヘッジとして繰延ヘッジ又は時価ヘッジを適用しております。

③ 株価変動リスク・ヘッジ

当行は，その他有価証券から生じる株価変動リスクを相殺する個別ヘッジに

ついては時価ヘッジを適用しており，当該個別ヘッジに係る有効性の評価をしております。

④ 連結会社間取引等

デリバティブ取引のうち連結会社間及び特定取引勘定とそれ以外の勘定との間（又は内部部門間）の内部取引については，ヘッジ手段として指定している金利スワップ取引及び通貨スワップ取引等に対して，業種別委員会実務指針第24号及び同第25号に基づき，恣意性を排除し厳格なヘッジ運営が可能と認められる対外カバー取引の基準に準拠した運営を行っているため，当該金利スワップ取引及び通貨スワップ取引等から生じる収益及び費用は消去せずに損益認識又は繰延処理を行っております。

なお，一部の連結子会社において，繰延ヘッジ又は時価ヘッジあるいは金利スワップの特例処理を適用しております。

(16) のれんの償却方法及び償却期間 ···

のれんは，20年以内のその効果の発現する期間にわたり均等償却しております。ただし，金額に重要性の乏しいものについては発生年度に全額償却しております。

(17) 連結キャッシュ・フロー計算書における資金の範囲 ·················

連結キャッシュ・フロー計算書における資金の範囲は，現金，無利息預け金及び日本銀行への預け金であります。

(18) 連結納税制度の適用 ···

当行及び一部の国内連結子会社は，株式会社三井住友フィナンシャルグループを連結納税親会社とする連結納税制度を適用しております。

2 財務諸表等

(1) 【財務諸表】 ....

① 【貸借対照表】

（単位：百万円）

	前事業年度 (2022年3月31日現在)		当事業年度 (2023年3月31日現在)	
資産の部				
現金預け金	※5	70,840,809	※5	70,818,701
現金		888,703		1,319,313
預け金		69,952,105		69,499,387
コールローン		2,234,818		5,285,838
買現先勘定		1,645,410		1,437,595
債券貸借取引支払保証金		1,863,080		1,598,124
買入金銭債権		2,290,607		1,944,291
特定取引資産	※5	2,025,767	※5	2,379,930
商品有価証券		4,504		665
特定取引有価証券派生商品		129,546		30,660
特定金融派生商品		1,744,223		2,257,611
その他の特定取引資産		147,493		90,993
有価証券	※5	38,238,579	※5	32,210,394
国債	※2	15,769,196	※2	9,576,298
地方債	※2	1,125,375	※2	1,068,302
短期社債		301,985		424,956
社債	※3,※11	2,450,980	※3,※11	2,298,706
株式	※1	3,665,507	※1	3,358,934
その他の証券	※1	14,925,533	※1	15,483,194
貸出金	※3,※5,※6	87,671,294	※3,※5,※6	94,307,397
割引手形	※1	25,417	※1	29,802
手形貸付		1,831,212		1,925,979
証書貸付		74,702,151		79,975,977
当座貸越		11,112,513		12,375,638
外国為替	※3	2,721,735	※3	1,824,364
外国他店預け		962,737		554,210
外国他店貸		229,240		167,482
買入外国為替	※4	1,013,947	※4	754,007
取立外国為替		515,810		348,664

	前事業年度 （2022年3月31日現在）	当事業年度 （2023年3月31日現在）
その他資産	※3 5,291,974	※3 7,129,287
未決済為替貸	2,545	3,432
前払費用	23,631	46,091
未収収益	210,543	400,149
先物取引差入証拠金	14,883	13,156
先物取引差金勘定	6,770	1,288
金融派生商品	2,621,834	4,342,187
金融商品等差入担保金	2,282,223	2,138,294
その他の資産	※5 129,541	※5 184,685
有形固定資産	※7 766,477	※7 737,253
建物	271,391	239,768
土地	404,511	367,009
リース資産	1,490	219
建設仮勘定	21,898	23,700
その他の有形固定資産	67,184	106,555
無形固定資産	249,750	285,986
ソフトウエア	241,447	277,778
その他の無形固定資産	8,303	8,208
前払年金費用	428,164	496,328
支払承諾見返	※3 12,285,466	※3 15,405,856
貸倒引当金	△589,208	△523,888
資産の部合計	227,964,729	235,337,464
負債の部		
預金	141,015,245	149,948,880
当座預金	17,054,704	18,466,371
普通預金	81,331,952	85,548,129
貯蓄預金	572,084	570,334
通知預金	9,159,908	10,751,800
定期預金	23,856,439	26,360,679
その他の預金	9,040,155	8,251,565
譲渡性預金	13,108,797	12,929,824
コールマネー	680,893	774,968
売現先勘定	※5 14,626,237	※5 12,041,367
債券貸借取引受入担保金	※5 305,779	※5 370,514
コマーシャル・ペーパー	1,229,180	1,292,198

（単位：百万円）

	前事業年度 （2022年3月31日現在）	当事業年度 （2023年3月31日現在）
特定取引負債	1,558,679	1,643,213
売付商品債券	1,383	9,872
特定取引有価証券派生商品	129,667	32,056
特定金融派生商品	1,427,628	1,601,284
借用金	※5　26,700,215	※5　21,905,262
借入金	※8　26,700,215	※8　21,905,262
外国為替	1,339,163	1,516,160
外国他店預り	1,091,556	1,206,815
外国他店借	156,104	200,138
売渡外国為替	5,036	2,816
未払外国為替	86,466	106,388
社債	※9　720,847	※9　641,410
信託勘定借	※5, ※10　2,321,699	※5, ※10　2,277,046
その他負債	4,255,764	6,991,747
未決済為替借	4,596	7,593
未払法人税等	18,889	18,108
未払費用	168,725	337,888
前受収益	34,145	44,751
従業員預り金	51,901	51,055
先物取引差金勘定	2,174	1,914
金融派生商品	3,514,660	5,550,395
金融商品等受入担保金	240,763	630,830
リース債務	2,445	720
資産除去債務	7,271	13,180
取引約定未払金	37,591	178,680
その他の負債	172,599	156,628
賞与引当金	12,584	13,542
役員賞与引当金	1,150	1,202
ポイント引当金	870	1,140
睡眠預金払戻損失引当金	4,974	9,998
繰延税金負債	221,503	150,223
再評価に係る繰延税金負債	29,193	27,952
支払承諾	※5　12,285,466	※5　15,405,856
負債の部合計	220,418,246	227,942,508

	前事業年度 (2022年3月31日現在)	当事業年度 (2023年3月31日現在)
純資産の部		
資本金	1,770,996	1,770,996
資本剰余金	1,774,554	1,774,554
資本準備金	1,771,043	1,771,043
その他資本剰余金	3,510	3,510
利益剰余金	3,079,860	3,276,915
その他利益剰余金	3,079,860	3,276,915
行員退職積立金	1,656	1,656
別途準備金	219,845	219,845
繰越利益剰余金	2,858,358	3,055,413
自己株式	△210,003	△210,003
株主資本合計	6,415,408	6,612,463
その他有価証券評価差額金	1,288,414	1,040,472
繰延ヘッジ損益	△182,902	△282,793
土地再評価差額金	25,563	24,813
評価・換算差額等合計	1,131,074	782,492
純資産の部合計	7,546,483	7,394,955
負債及び純資産の部合計	227,964,729	235,337,464

② 【損益計算書】

(単位：百万円)

	前事業年度 （自 2021年4月1日 至 2022年3月31日）	当事業年度 （自 2022年4月1日 至 2023年3月31日）
経常収益	2,477,287	4,133,627
資金運用収益	1,392,776	2,962,282
貸出金利息	945,143	1,868,741
有価証券利息配当金	341,409	413,923
コールローン利息	△4,466	39,447
買現先利息	5,258	11,452
債券貸借取引受入利息	508	502
預け金利息	19,603	341,547
金利スワップ受入利息	2,829	－
その他の受入利息	82,490	286,667
信託報酬	2,254	2,451
役務取引等収益	590,995	645,135
受入為替手数料	138,947	143,592
その他の役務収益	452,047	501,543
特定取引収益	5,157	4,315
特定取引有価証券収益	5,133	4,266
その他の特定取引収益	23	48
その他業務収益	248,075	310,067
外国為替売買益	171,253	232,183
国債等債券売却益	47,209	50,529
国債等債券償還益	0	0
金融派生商品収益	20,007	20,638
その他の業務収益	9,603	6,715
その他経常収益	238,029	209,376
償却債権取立益	3	26
株式等売却益	226,968	196,603
その他の経常収益	11,058	12,746

	前事業年度 （自 2021年4月1日 至 2022年3月31日）	当事業年度 （自 2022年4月1日 至 2023年3月31日）
経常費用	1,731,337	3,267,830
資金調達費用	301,679	1,798,082
預金利息	36,987	648,542
譲渡性預金利息	16,344	252,613
コールマネー利息	255	17,598
売現先利息	5,864	252,432
債券貸借取引支払利息	24	2,905
コマーシャル・ペーパー利息	1,057	25,379
借用金利息	192,473	275,727
社債利息	34,588	24,955
金利スワップ支払利息	－	211,029
その他の支払利息	14,082	86,900
役務取引等費用	192,556	189,174
支払為替手数料	33,414	28,757
その他の役務費用	159,142	160,416
特定取引費用	74,753	58,229
商品有価証券費用	138	356
特定金融派生商品費用	74,614	57,872
その他業務費用	91,090	179,290
国債等債券売却損	79,820	129,033
国債等債券償還損	9,753	8,244
社債発行費償却	23	429
その他の業務費用	1,492	41,584
営業経費	※ 835,675	※ 856,867
その他経常費用	235,582	186,185
貸倒引当金繰入額	141,263	70,660
貸出金償却	2,997	17,199
株式等売却損	16,573	30,509
株式等償却	53,126	24,439
その他の経常費用	21,620	43,376
経常利益	745,950	865,797

（単位：百万円）

	前事業年度 （自 2021年4月1日 至 2022年3月31日）	当事業年度 （自 2022年4月1日 至 2023年3月31日）
特別利益	1,365	2,292
固定資産処分益	1,365	2,292
特別損失	48,853	34,307
固定資産処分損	2,089	2,167
減損損失	46,764	32,139
税引前当期純利益	698,462	833,782
法人税、住民税及び事業税	189,578	183,467
法人税等調整額	△37,409	16,159
法人税等合計	152,168	199,627
当期純利益	546,294	634,154

③ 【株主資本等変動計算書】

前事業年度（自 2021年4月1日 至 2022年3月31日）

(単位：百万円)

	株主資本							
	資本金	資本剰余金			利益剰余金			
		資本準備金	その他資本剰余金	資本剰余金合計	その他利益剰余金		繰越利益剰余金	利益剰余金合計
					行員退職積立金	別途準備金		
当期首残高	1,770,996	1,771,043	3,510	1,774,554	1,656	219,845	2,688,892	2,910,394
当期変動額								
剰余金の配当							△376,756	△376,756
当期純利益							546,294	546,294
土地再評価差額金の取崩							△71	△71
株主資本以外の項目の当期変動額（純額）								
当期変動額合計	−	−	−	−	−	−	169,466	169,466
当期末残高	1,770,996	1,771,043	3,510	1,774,554	1,656	219,845	2,858,358	3,079,860

| | 株主資本 | | 評価・換算差額等 | | | | 純資産合計 |
	自己株式	株主資本合計	その他有価証券評価差額金	繰延ヘッジ損益	土地再評価差額金	評価・換算差額等合計	
当期首残高	△210,003	6,245,942	1,719,291	75,141	25,492	1,819,924	8,065,866
当期変動額							
剰余金の配当		△376,756					△376,756
当期純利益		546,294					546,294
土地再評価差額金の取崩		△71					△71
株主資本以外の項目の当期変動額（純額）			△430,876	△258,044	71	△688,849	△688,849
当期変動額合計	−	169,466	△430,876	△258,044	71	△688,849	△519,383
当期末残高	△210,003	6,415,408	1,288,414	△182,902	25,563	1,131,074	7,546,483

当事業年度（自　2022年4月1日　至　2023年3月31日）

（単位：百万円）

	株主資本							
	資本金	資本剰余金			利益剰余金			
		資本準備金	その他資本剰余金	資本剰余金合計	その他利益剰余金			利益剰余金合計
					行員退職積立金	別途準備金	繰越利益剰余金	
当期首残高	1,770,996	1,771,043	3,510	1,774,554	1,656	219,845	2,858,358	3,079,860
当期変動額								
剰余金の配当							△437,849	△437,849
当期純利益							634,154	634,154
土地再評価差額金の取崩							749	749
株主資本以外の項目の当期変動額（純額）								
当期変動額合計	－	－	－	－	－	－	197,054	197,054
当期末残高	1,770,996	1,771,043	3,510	1,774,554	1,656	219,845	3,055,413	3,276,915

	株主資本		評価・換算差額等				純資産合計
	自己株式	株主資本合計	その他有価証券評価差額金	繰延ヘッジ損益	土地再評価差額金	評価・換算差額等合計	
当期首残高	△210,003	6,415,408	1,288,414	△182,902	25,563	1,131,074	7,546,483
当期変動額							
剰余金の配当		△437,849					△437,849
当期純利益		634,154					634,154
土地再評価差額金の取崩		749					749
株主資本以外の項目の当期変動額（純額）			△247,941	△99,890	△749	△348,582	△348,582
当期変動額合計	－	197,054	△247,941	△99,890	△749	△348,582	△151,527
当期末残高	△210,003	6,612,463	1,040,472	△282,793	24,813	782,492	7,394,955

【注記事項】

（重要な会計方針）

1．特定取引資産・負債の評価基準及び収益・費用の計上基準 ·················

　金利，通貨の価格，金融商品市場における相場その他の指標に係る短期的な変動，市場間の格差等を利用して利益を得る等の目的（以下，「特定取引目的」という）の取引については，取引の約定時点を基準とし，貸借対照表上「特定取引資産」及び「特定取引負債」に計上するとともに，当該取引からの損益を損益計算書上「特定取引収益」及び「特定取引費用」に計上しております。

　特定取引資産及び特定取引負債の評価は，有価証券及び金銭債権等については決算日の時価により，スワップ・先物・オプション取引等の派生商品について

は決算日において決済したものとみなした額により行っております。

　また，特定取引収益及び特定取引費用の損益計上は，当事業年度中の受払利息等に，有価証券及び金銭債権等については前事業年度末と当事業年度末における評価損益の増減額を，派生商品については前事業年度末と当事業年度末におけるみなし決済からの損益相当額の増減額を加えております。

　なお，デリバティブ取引については，特定の市場リスク及び特定の信用リスクの評価に関して，金融資産及び金融負債を相殺した後の正味の資産又は負債を基礎として，当該金融資産及び金融負債のグループを単位とした時価を算定しております。

2．有価証券の評価基準及び評価方法 ・・

　有価証券の評価は，満期保有目的の債券については移動平均法による償却原価法（定額法），子会社株式及び関連会社株式については移動平均法による原価法，その他有価証券については時価法（売却原価は主として移動平均法により算定），ただし市場価格のない株式等については移動平均法による原価法により行っております。

　なお，その他有価証券の評価差額については，時価ヘッジの適用により損益に反映させた額を除き，全部純資産直入法により処理しております。

3．デリバティブ取引の評価基準及び評価方法 ・・・・・・・・・・・・・・・・・・・・・・・・・・・・・・・・・・・

　デリバティブ取引（特定取引目的の取引を除く）の評価は，時価法により行っております。

　なお，特定の市場リスク及び特定の信用リスクの評価に関して，金融資産及び金融負債を相殺した後の正味の資産又は負債を基礎として，当該金融資産及び金融負債のグループを単位とした時価を算定しております。

4．固定資産の減価償却の方法 ・・・
（1）　有形固定資産（リース資産を除く） ・・

　有形固定資産は，定額法（ただし，建物以外については定率法）を採用してお

ります。

　また，主な耐用年数は次のとおりであります。

　　建　物　7年〜50年

　　その他　2年〜20年

（2）　無形固定資産 ···

　無形固定資産は，定額法により償却しております。なお，自社利用のソフトウエアについては，行内における利用可能期間（5年〜10年）に基づいて償却しております。

（3）　リース資産 ···

　所有権移転外ファイナンス・リース取引に係る「有形固定資産」中のリース資産は，リース期間を耐用年数とし，残存価額を零とする定額法により償却しております。

5. 繰延資産の処理方法 ···

　社債発行費は支出時に全額費用として処理しております。

6. 外貨建の資産及び負債の本邦通貨への換算基準 ·······························

　外貨建資産・負債及び海外支店勘定については，取得時の為替相場による円換算額を付す子会社株式及び関連会社株式を除き，主として決算日の為替相場による円換算額を付しております。

7. 引当金の計上基準 ···

（1）　貸倒引当金 ···

　貸倒引当金は，予め定めている償却・引当基準に則り，次のとおり計上しております。

　破産，特別清算等，法的に経営破綻の事実が発生している債務者（以下，「破綻先」という）に係る債権及びそれと同等の状況にある債務者（以下,「実質破綻先」

という）に係る債権については，以下のなお書きに記載されている直接減額後の帳簿価額から，担保の処分可能見込額及び保証による回収可能見込額を控除し，その残額を計上しております。また，現在は経営破綻の状況にないが，今後経営破綻に陥る可能性が大きいと認められる債務者（以下，「破綻懸念先」という）に係る債権については，債権額から，担保の処分可能見込額及び保証による回収可能見込額を控除し，その残額のうち，債務者の支払能力を総合的に判断し必要と認める額を計上しております。

債権の元本の回収及び利息の受取りに係るキャッシュ・フローを合理的に見積もることができる破綻先，実質破綻先，破綻懸念先に係る債権及び債権の全部又は一部が三月以上延滞債権又は貸出条件緩和債権に分類された今後の管理に注意を要する債務者に対する債権のうち与信額一定額以上の大口債務者に係る債権等については，キャッシュ・フロー見積法（DCF法）を適用し，債権の元本の回収及び利息の受取りに係るキャッシュ・フローを合理的に見積もり，当該キャッシュ・フローを当初の約定利子率で割り引いた金額と債権の帳簿価額との差額を計上しております。

上記以外の債権については，主として今後1年間の予想損失額又は今後3年間の予想損失額を見込んで計上しており，予想損失額は，1年間又は3年間の貸倒実績又は倒産実績を基礎とした貸倒実績率又は倒産確率の過去の一定期間における平均値に基づき損失率を求め，これに将来見込み等必要な修正を加えて算定しております。

また，直近の経済環境やリスク要因を勘案し，過去実績や個社の債務者区分に反映しきれない，特定のポートフォリオにおける蓋然性の高い将来の見通しに基づく予想損失については，総合的な判断を踏まえて必要と認められる金額を計上しております。

特定海外債権については，対象国の政治経済情勢等を勘案して必要と認められる金額を特定海外債権引当勘定として計上しております。

すべての債権は，資産の自己査定基準に基づき，営業部店と所管審査部が資産査定を実施し，当該部署から独立した資産監査部署が査定結果を監査しております。

なお，破綻先及び実質破綻先に対する担保・保証付債権等については，債権額から担保の評価額及び保証による回収が可能と認められる額を控除した残額を取立不能見込額として債権額から直接減額しており，その金額は122,973百万円（前事業年度末は115,195百万円）であります。

(2) 賞与引当金 ··

賞与引当金は，従業員への賞与の支払いに備えるため，従業員に対する賞与の支給見込額のうち，当事業年度に帰属する額を計上しております。

(3) 役員賞与引当金 ··

役員賞与引当金は，役員（執行役員を含む，以下同じ）への賞与の支払いに備えるため，役員に対する賞与の支給見込額のうち，当事業年度に帰属する額を計上しております。

(4) 退職給付引当金 ··

退職給付引当金は，従業員の退職給付に備えるため，当事業年度末における退職給付債務及び年金資産の見込額に基づき，当事業年度末において発生していると認められる額を計上しております。退職給付債務の算定にあたり，退職給付見込額を当事業年度末までの期間に帰属させる方法については，給付算定式基準によっております。また，過去勤務費用及び数理計算上の差異の損益処理方法は次のとおりであります。

過去勤務費用	その発生時の従業員の平均残存勤務期間内の一定の年数（9年）による定額法により損益処理
数理計算上の差異	各事業年度の発生時の従業員の平均残存勤務期間内の一定の年数（9年）による定額法により按分した額をそれぞれ発生の翌事業年度から損益処理

(5) ポイント引当金 ··

ポイント引当金は，「SMBCポイントパック」におけるポイントの将来の利用に

よる負担に備えるため，未利用の付与済ポイントを金額に換算した残高のうち，将来利用される見込額を合理的に見積もり，必要と認める額を計上しております。

（6） 睡眠預金払戻損失引当金

睡眠預金払戻損失引当金は，一定の条件を満たし負債計上を中止した預金について，預金者からの払戻請求に備えるため，過去の払戻実績に基づく将来の払戻損失見込額を計上しております。

8. 収益の計上方法

（1） 収益の認識方法

顧客との契約から生じる収益は，その契約内容の取引の実態に応じて，契約ごとに識別した履行義務の充足状況に基づき認識しております。

（2） 主な取引における収益の認識

顧客との契約から生じる収益について，役務取引等収益の各項目における主な取引の内容及び履行義務の充足時期の判定は次のとおりであります。

預金・貸出業務収益には，主に口座振替に係る手数料等やシンジケートローンにおける貸付期間中の事務管理に係る手数料等が含まれており，顧客との取引日の時点，又は関連するサービスが提供されている期間にわたり収益を認識しております。

為替業務収益には，主に国内外の送金の手数料が含まれており，関連するサービスが提供された時点で収益を認識しております。証券関連業務収益には，主に債券の引受手数料が含まれており，顧客との取引日の時点で収益を認識しております。

代理業務収益には，主にオンライン提携に伴う銀行間受入手数料等の代理事務手数料が含まれており，関連するサービスが提供された時点，又は関連するサービスが提供されている期間にわたり収益を認識しております。

保護預り・貸金庫業務収益には，主に保護預り品の保管料及び貸金庫・保護箱使用料が含まれており，関連するサービスが提供されている期間にわたり収益

を認識しております。

投資信託関連業務収益には，主に投資信託の販売及び記録管理等の事務処理に係る手数料が含まれており，顧客との取引日の時点，又は関連するサービスが提供されている期間にわたり収益を認識しております。

9. ヘッジ会計の方法 ···

(1) 金利リスク・ヘッジ ···

金融資産・負債から生じる金利リスクのヘッジ取引に対するヘッジ会計の方法として，繰延ヘッジを適用しております。

小口多数の金銭債権債務に対する包括ヘッジについては，「銀行業における金融商品会計基準適用に関する会計上及び監査上の取扱い」（日本公認会計士協会業種別委員会実務指針第24号2022年3月17日。以下，「業種別委員会実務指針第24号」という）に規定する繰延ヘッジを適用しております。相場変動を相殺する包括ヘッジの場合には，ヘッジ対象となる預金・貸出金等とヘッジ手段である金利スワップ取引等を残存期間ごとにグルーピングのうえ有効性の評価をしております。また，キャッシュ・フローを固定する包括ヘッジの場合には，ヘッジ対象とヘッジ手段の金利変動要素の相関関係の検証により有効性の評価をしております。

個別ヘッジについても，当該個別ヘッジに係る有効性の評価をしております。

(2) 為替変動リスク・ヘッジ ···

異なる通貨での資金調達・運用を動機として行われる通貨スワップ取引及び為替スワップ取引について，「銀行業における外貨建取引等の会計処理に関する会計上及び監査上の取扱い」（日本公認会計士協会業種別委員会実務指針第25号2020年10月8日。以下，「業種別委員会実務指針第25号」という）に基づく繰延ヘッジを適用しております。

これは，異なる通貨での資金調達・運用に伴う外貨建金銭債権債務等の為替変動リスクを減殺する目的で行う通貨スワップ取引及び為替スワップ取引について，その外貨ポジションに見合う外貨建金銭債権債務等が存在することを確認するこ

とによりヘッジの有効性を評価するものであります。

　また，外貨建子会社株式及び関連会社株式並びに外貨建その他有価証券（債券以外）の為替変動リスクをヘッジするため，事前にヘッジ対象となる外貨建有価証券の銘柄を特定し，当該外貨建有価証券について外貨ベースで取得原価以上の直先負債が存在していること等を条件に，包括ヘッジとして繰延ヘッジ又は時価ヘッジを適用しております。

（3）　株価変動リスク・ヘッジ

　その他有価証券から生じる株価変動リスクを相殺する個別ヘッジについては時価ヘッジを適用しており，当該個別ヘッジに係る有効性の評価をしております。

（4）　内部取引等

　デリバティブ取引のうち特定取引勘定とそれ以外の勘定との間（又は内部部門間）の内部取引については，ヘッジ手段として指定している金利スワップ取引及び通貨スワップ取引等に対して，業種別委員会実務指針第24号及び同第25号に基づき，恣意性を排除し厳格なヘッジ運営が可能と認められる対外カバー取引の基準に準拠した運営を行っているため，当該金利スワップ取引及び通貨スワップ取引等から生じる収益及び費用は消去せずに損益認識又は繰延処理を行っております。

10. その他財務諸表作成のための基本となる重要な事項
（1）　退職給付に係る会計処理

　退職給付に係る未認識数理計算上の差異及び未認識過去勤務費用の会計処理の方法は，連結財務諸表におけるこれらの会計処理の方法と異なっております。

（2）　連結納税制度の適用

　当行は，株式会社三井住友フィナンシャルグループを連結納税親会社とする連結納税制度を適用しております。

第**2**章

金融業界の"今"を知ろう

企業の募集情報は手に入れた。しかし，それだけでは
まだ不十分。企業単位ではなく，業界全体を俯瞰する
視点は，面接などでもよく問われる重要ポイントだ。
この章では直近1年間の運輸業界を象徴する重大
ニュースをまとめるとともに，今後の展望について言
及している。また，章末には運輸業界における有名企
業（一部抜粋）のリストも記載してあるので，今後の就
職活動の参考にしてほしい。

▶▶おカネで動かす，日本と世界

金融 業界の動向

「金融」とは，金融取引に関わる業務に携わる業種である。銀行，信用金庫・信用組合，証券，消費者金融，政府系の機関などがある。

❖ メガバンクの動向

　都市銀行，長期信用銀行の再編で誕生した国内メガバンクには，三菱UFJフィナンシャル・グループ，みずほフィナンシャルグループ，三井住友フィナンシャルグループの3グループがある。それぞれ，信託銀行や証券会社，資産運用会社を傘下に持ち，総合金融グループを形成している。

　2016年2月，日本銀行によって導入されたマイナス金利政策によって，銀行の収益は縮小が続いている。デジタル化の波が到来し，銀行業界は大きな変化を迫られている。

　特に象徴的なのが店舗であり，ネットバンキングの登場で店舗の来店客数は大幅に減少している。各社は店舗削減に踏み切り，三菱UFJは2024年度末までに2018年に500店舗あった店舗を約300店舗までに削減，みずほも500拠点のうち130拠点を減らす見込みだ。三井住友は店舗数は減らさないが，全体の4分の3にあたる300店舗について軽量店に転換していく。

●「生産性革命」の流れは金融業界にも

　三菱UFJフィナンシャル・グループ，みずほフィナンシャルグループ，三井住友フィナンシャルグループの2023年3月期連結決算は，純利益が3グループ合計で前期比5％増加した。新型コロナウイルス禍からの経済回復を受けて，国内外で貸し出しが伸びたことが原因だ。

　各メガバンクはその利益の4割前後を海外で稼いでおり，国内業務での収益の落ち込みを海外で補っていることから，国内業務の効率化やリストラが求められている。また，AIやフィンテックと呼ばれる金融IT技術により，従来の銀行業務そのものも減少。とくに資金決済など，銀行が担ってきた

業務が新しい仕組みに置き換わりつつあることも背景にある。コロナの影響は和らいできているものの，米金利の高止まりによる貸し倒れ増加のリスクは燻っており，各社ともに慎重な構えを見せている。

業界内では再編の動きも活発化している。三井住友フィナンシャルグループとりそなホールディングスは，2018年4月，傘下の関西地銀3行を経営統合。みずほフィナンシャルグループと三井住友トラスト・ホールディングスも，2018年10月にJTCホールディングスを設立。その後JTCホールディングスは日本トラスティ・サービス信託銀行，資産管理サービス信託銀行と統合，2020年に日本カストディ銀行が発足した。

また，グループ内でも，業務効率性，ガバナンス強化を含めた機能別再編が行われている。三井住友フィナンシャルグループでは，傘下のSMBC日興証券とSMBCフレンド証券を合併。三菱UFJフィナンシャル・グループでは，2018年4月に信託銀行の法人融資業務を銀行部門へ移管，その一方で，投信運用会社は証券会社などから信託銀行傘下へシフトさせる。同じような動きは，みずほフィナンシャルグループでも起こっている。

❖ 地方銀行の動向

全国の都道府県を基本的な営業基盤とする「地方銀行」は，社団法人地方銀行協会に加盟する62行と，前身が相互銀行で社団法人第二地方銀行協会に加盟する37行の「第二地銀」で，合わせて99行ある。

の2023年3月期決算における地銀100行のコア業務純益は1兆6818億円と昨年に比べて約10％増加したが，有価証券の含み損の処理で債券関係損益が6385億円の損失。結果，純利益は8776億円と約2.7％の微増となった。

さらに，地方では地元工場の海外移転，少子高齢化に伴う人口減少が進む地域も多く，銀行間の競争も激化している。加えて，金融庁は，地銀に対して，不動産などの担保や保証を元に機械的に貸し出しの可否を判断するのではなく，企業の事業内容や将来性を踏まえた「事業性評価」に基づいて融資する「顧客本位の業務運営（フィデューシャリー・デューティー）」を求めており，地方創生における地銀の力に期待もしている。収益環境の改善を図りつつ，地域経済の活性化に寄与する，この期待にどのように応えていくか，地銀の知恵が問われている。

●経営効率の改善を目指した統合，グループ化と抱える課題

　金融庁は地方の金融システムを維持するため，再編や統合を含めた経営改善を求めており，地銀も収益環境の改善に向け，都道府県をまたいだ広域での連携，グループ化を模索，地銀同士の再編や連携の動きが加速している。

　2018年5月には，東京TYフィナンシャルグループと新銀行東京が合併し，きらぼし銀行に，2019年4月にはふくおかフィナンシャルグループと十八銀行の経営統合がなされた。2020年10月にも長崎県の十八銀行と親和銀行が合併し十八親和銀行となった。2021年も1月に新潟県の第四銀行と北越銀行が合併し第四北越銀行に，5月に三重県の第三銀行と三重銀行が合併し三十三銀行となった。22年4月にも青森銀行とみちのく銀行が経営統合。さらに10月には愛知銀行と中京銀行も経営統合を行った。23年6月には八十二銀行と長野銀行が経営統合，横浜銀行も神奈川銀行を完全子会社化した。さらに10月にはふくおかフィナンシャルグループが福岡中央銀行を完全子会社化した。

　再編の動きは今後も続いていく見込みだ。一時は県内シェアの高まりから公正取引委員会が統合に難色を示していたが，政府が独占禁止法の除外を認める特例法を定めたことで後押しする形となった。

❖ 信用金庫・信用組合の動向

　信用金庫・信用組合は，出資者である会員，組合員から預金を集め，中小の事業主や個人に融資を行う。営業エリアが限定されており，出資者の相互扶助を目的とする非営利団体で，全国に信用金庫が254，信用組合が143ある。

　非営利団体とはいえ金融機関である以上，健全な経営が必須となる。信用金庫全体の預貸率（預金に対する貸出金の比率）は，2014年4月以降，5割を下回る状況が続き，2017年3月，3年ぶりに5割を回復したが，引き続き収益環境は厳しい状況にある。そのため，地銀やメガバンク同様，再編の動きが活発化している。北海道では，2017年1月に江差信金と函館信金が合併した。2018年1月には札幌信金と北海信金，小樽信金が合併して，北海道信金が発足。預金額は1兆円を超えた。また，同時期，宮崎でも，

宮崎信金と都城信金が合併し，宮崎都城信金が発足した。岡山県の備前信金と日生信金も 2020 年 2 月に統合し備前日生信用金庫となった。2020 年 9 月にも北陸信用金庫と鶴来信用金庫が合併し，はくさん信用金庫となった。

地域と密接に結びつく信金・信組にとって地方創生は死活問題であり，地元の中小企業やベンチャー企業の支援に力を入れているところも増えている。地域経済活性化支援機構（REVIC）と組んでファンドを設立したり，企業の課題を解決するライフステージ別サポートプログラムの提供，インバウンド需要の取り込みに係る支援，また，農林水産業の 6 次産業化支援など，新しい試みを実施している。

❖ 証券会社の動向

証券会社には，野村ホールディングス，大和証券ホールディングスといった独立系大手と，三大メガバンク系列，中堅各社，ネット系といったグループがある。主な収入源は，個人向けでは，顧客が株式売買で負担する手数料や投資信託の販売に係る手数料などが，法人向けでは増資や社債発行時の手数料，M&A のアドバイス料などとなる。

投資信託では，投資家から資金を預かり，投資判断，売買，コンサルティングなどを包括的に行う「ラップ口座」や，積み立て投資信託など，相場動向に左右されず，資産残高に応じて収入が得られる資産管理型ビジネスを強化している。メガバンク系列では，銀行と連携し，その顧客を取り込むなど，資産残高を増すために知恵を絞っている。

●大型 M&A において，フィナンシャル・アドバイザーに

メガバンク系の証券会社は，海外企業がからむ M&A（合併・買収）にかかわる業務も増えている。みずほ証券は，ソフトバンクグループが 3 兆 3000 億円で英国の半導体企業アームを買収する際，財務アドバイザーを担当する 1 社となった。三菱 UFJ モルガン・スタンレー証券も，コマツによる米ジョイ・グローバル社の買収やキヤノンによる東芝メディカルシステムズの買収など，大型 M&A においてフィナンシャル・アドバイザーを努めている。

また銀行と同じく，証券会社でも業界再編の動きが目立つ。2017 年 3 月には，東海東京フィナンシャル・ホールディングスが，大阪の高木証券を完全子会社化したほか，地方銀行と合弁で各地に証券会社を設立する計画

を進めている。2018年1月には，三井住友フィナンシャルグループが，傘下のSMBC日興証券とSMBCフレンド証券を合併。7月には中堅の藍澤証券が，日本アジア証券を買収・合併した。

❖ 流通系・ネット銀行の動向

　リアルな店舗を持たずに，インターネット上で営業するネット銀行は，自由な取引時間や手数料の安さのほか，ネットやカードに関連したサービスに対する強みを活かして，若年層を中心に利用者を増やしている。コロナ禍で若年層の投資家が増え，口座連結するネット証券での金融商品の決算用に使う利用者が増えていることが要因のひとつと考えられる。

●フィンテック革命で進む，API接続

　ネット銀行においては，世界規模で進むフィンテック革命が，追い風となることは間違いない。フィンテックは，金融（Finance）と技術（Technology）を組み合わせた米国発の造語で，スマートフォンを使った決済や資産運用，ビッグデータ，人工知能（AI）などを活用した金融サービスのことを指す。

　運用においては，銀行システムを外部のサービスと接続するための「API」（アプリケーション・プログラミング・インターフェース）がポイントとなる。金融機関ではこれまで，セキュリティ，正確なデータの保存などの観点から，外部のソフトウエアとのデータ連携には積極的ではなかった。しかし，効率的に顧客の多様なニーズに応える新たなサービスを提供するには，外部との連携が不可欠であり，自行のAPIを公開する「オープンAPI」の動きも高まっている。住信SBIネット銀行は2016年，銀行システムを外部のサービスと接続するためのAPIを日本で初めて公開した。ジャパンネット銀行もまた，同様の取り組みを積極的に進めている。このように，最新のIT技術を駆使して，金融業界のあり方を「安く，早く，便利に」変えていこうとする動きが活性化している。

❖ ネット証券会社の動向

　現在，個人の株式投資のうち，実に8割がネットを通じた取引といわれている。ネット証券では，SBI証券と楽天証券が2強で，ネット取引の安さと自由さを武器にリテールでシェアを拡大してきた。2024年からは新NISAが開始されるなど，業界への注目度は高まっている。

　順調に成長してきたネット証券業界だが，楽観視できない状況もある。業界では取引手数料の引き下げ競争が激化。SBI証券は2023年度に手数料の無料化に踏み込んだ。収益モデルの変更に回らざるをえない会社にとっては苦境が続くとみられる。

●FTX破綻の影響大きく　復活の途上

　ネット上でやり取りする暗号資産。2009年に登場したビットコイン以降，その種類は増え続けており，暗号資産を投機目的で保有している人は珍しい存在ではなくなった。

　2020年には120兆円にせまる国内取引額だったが，2022年の世界大手の交換所，FTXの経営破綻。さらにはFTXの創業者が詐欺罪で有罪判決をうけるなど，暗号資産への信頼が劇的に下がった。2022年度の取引額は約25兆円と前年比で6割減。相場が一変した影響が大きくあらわれた。

　しかし価格は底打ちし，国内交換所の業績は好転。メルカリ子会社のメルコインなどはサービス開始から3カ月で50万人が口座を解説するなど明るい材料も多い。

金融業界

直近の業界各社の関連ニュースを
ななめ読みしておこう。

福井銀行、福邦銀行を合併へ　まず24年に完全子会社化

福井銀行は10日、子会社の福邦銀行（福井市）を合併する方針を発表した。2024年までに株式交換を完了させ、26年には2行体制となっている福井銀行と福邦銀行の合併を目指す。統合でシステムや人材配置の最適化を行い、グループ化している2行のシナジー（相乗効果）の最大化を目指す。

両行は10日、福邦銀行の完全子会社化に向けた基本合意書を締結した。24年6月の株主総会で承認されれば同年10月に完全子会社化を完了する。26年には両行を合併して単一ブランドにする方針も明らかにした。合併後の名称については未定としている。

福井銀行は21年、福邦銀行の第三者割当増資を引き受ける形で同行を連結子会社化していた。2行体制のもと人材交流などを進めたが、合併でさらに人材配置を効率化する。福井銀行の長谷川英一頭取は記者会見で「人材の融和は進んでいる。合併によってグループのシナジーを最大化する」と説明した。

10日に発表した23年4～9月期の連結決算では、純利益が前年同期比11%減の17億円だった。野村証券との事業提携にともなう先行投資の費用や外貨の調達コストの増加などを計上し、福井銀行単体の投信解約損益をのぞいたコア業務純益が前年同期比31%減の20億円だった。

（2023年11月10日　日本経済新聞）

住宅ローン、ネット銀行が主役　低金利競争で3メガ苦戦

住宅ローンの担い手が大手銀行からネット銀行に移っている。3メガバンクグループの有価証券報告書によると、2023年3月末時点の貸出残高の合計は33.4兆円と10年間で約10兆円減少した。代わりに台頭しているのがネット

銀行で、店舗に依存しない低コスト経営を武器に激しさを増す低金利競争を
リードしている。

ネット銀行の中でも勢いがあるのが、3月末に上場した住信SBIネット銀行だ。
22年度の住宅ローン新規実行額は1.4兆円で、それぞれ1兆円以下の3メガ
バンクを大幅に上回った。人工知能（AI）を駆使することで審査にかかる費用
を抑えている。

実際、同行の変動型の新規貸出金利は0.32％と、3メガバンクで最も低い三
菱UFJ銀行の0.345％を下回る。借り換えの場合は0.299％まで下がる。貸
出残高も3月末時点で5.3兆円とみずほ銀行の7.5兆円に近づいている。

auじぶん銀行は22年3月から23年6月の1年3カ月の新規実行額が1兆円
程度に増えた。同行はKDDIの通信サービスと電気を契約すれば、変動型金利
が新規で0.219％、借り換えで0.198％まで下がる。PayPay銀行も新規の
借入金利を0.319％、借り換えを0.29％に下げるキャンペーンを始めた。

ネット銀行の攻勢を受け、メガバンクは戦略の再構築を余儀なくされている。
「住宅ローンはコモディティー化しており、今後は脱力していく」。みずほフィ
ナンシャルグループの木原正裕社長は、5月の新中期経営計画の説明会で住宅
ローンの拡大路線を転換すると述べた。22年度の新規実行額は4300億円と
前の年度比で14％減り、22〜25年度は残高を数兆円規模で削減する。

三菱UFJ銀行は22年度の新規実行額が7000億円強と前の年度比で1割減っ
た。契約時に指定した期間がたつとローンの残高と同額で住宅を売却できる「残
価設定型住宅ローン」の取り扱いを3月から始めるなど商品内容で工夫を凝らす。

三井住友銀行も店舗削減やデジタル化にカジを切り、残高が減少する時期が続
いた。ただ、コスト削減が一巡したこともあり、22年度の新規実行額は
9857億円と3年連続で増加。個人向け総合金融サービス「Olive（オリーブ）」
で住宅ローン契約者にポイントを上乗せするなど反転攻勢をかけている。

ほかの大手銀行も試行錯誤を繰り返している。りそなホールディングスは住宅
ローンの残高を26年3月末までに1兆円増やす目標を掲げた。断熱性能の高
い低炭素住宅を金利優遇の対象に加えるなど環境配慮型に特化する。三井住
友信託銀行はローン契約者の自筆証書遺言を無料で預かるなど信託の強みを生
かす。

変動型金利の引き下げ競争は終わりが見えない。モゲチェックによれば、7月
のネット銀行の変動型金利の平均は0.386％と過去最低を更新した。auじぶ
ん銀行や住信SBIネット銀行は、グループ内の生命保険会社と連携して団体信
用生命保険（団信）の拡充に動くなどさらなる差別化に動いている。

住宅ローンは競争激化による利ざやの縮小で、メガバンクにとってもうからない商品になりつつある。それでも資産運用や保険といった顧客との継続的な取引の起点になることを考えれば、撤退するわけにもいかない。メガバンクは正念場を迎えている。

（2023年7月10日　日本経済新聞）

3メガ銀、新卒採用8年ぶり増　三井住友は専門コース3倍

メガバンクが8年ぶりに新卒採用を増やす。3メガの2024年入行の採用計画は合計で約1200人強と23年比で1割増える。三井住友銀行はデータ分析などの専門コースの採用を3倍超にする。支店の統廃合などを背景に新卒採用を減らしてきたが、デジタル人材を中心に採用増にかじを切る。新事業の創出やリスク管理の強化に加え、大量採用世代の退職を見据えて人員を補強する側面もある。

3メガの採用数は直近ピークの16年卒で5000人を超えたが、その後は右肩下がりで23年卒は約1070人まで減った。ネットバンキングの普及や店舗統廃合により、新卒を大量採用して全国に配置する必要性が薄れたためだ。24年入行は一転して三井住友銀行と、傘下の銀行や信託銀行などをまとめて採用するみずほフィナンシャルグループ（FG）が人数を増やす。

三井住友銀行の24年入行は、23年比で3割増の465人を計画する。リスクアナリストやデータサイエンス、サイバーセキュリティーの3つのコースを新設した。専門コースの採用数は40人前後を目標とし、23年比で3倍超にする。三井住友の菅家哲朗・人事部採用グループ長は「専門に勉強した人や長期インターンをしていた人など即戦力となる人材を専門コースで集めたい」と話す。

みずほFGは銀行と信託銀行に、IT（情報技術）システムのコースと事務効率化を企画するコースを新たに設けた。学生の希望に沿ってキャリアを決めたうえで採る「オーダーメード型」も新設。キャリアを特定する採用は23年比6割増の210人を計画し、全体では500人と3割増える見通し。

りそな銀行と埼玉りそな銀行も計545人と4割増やす。三菱UFJ銀行は全体の採用数は減るが、グローバルやデジタル、財務会計など専門コースの採用数は23年比5割増の100人程度を目指す。

（2023年4月6日　日本経済新聞）

3メガ銀、合併後最大の賃上げへ　三井住友はベア2.5%

3メガバンクが2023年度に、基本給を底上げするベースアップ（ベア）をそろって実施する。3行が同時にベアに踏み切るのは8年ぶり。三井住友銀行は29日に2.5%のベアを決め、従業員組合の要求に満額回答した。足元の物価上昇に加えて他業種との人材争奪も激しくなるなか、3メガ銀は2000年代の合併で誕生してから最大の賃上げに踏み切る。

三井住友銀行とみずほ銀行は合併後で最大となる2.5%のベアに踏み切る。三菱UFJ銀行は上げ幅を非公表としているが、賞与を含む総支払額の引き上げを合併後最大となる2.7%実施する方針だ。

りそな銀行と埼玉りそな銀行は、このほどベアと定期昇給を合わせて約5%の賃上げ実施を組合に回答した。非正規を含む全社員が対象となる。

ベアだけでなく、研修や手当を組み合わせて従業員への還元も増やす。三井住友銀行は定昇や賞与、教育・研修などの人的資本投資で実質7%の賃上げにあたる待遇改善を実施。みずほ銀行も同様の施策で6%の待遇改善をする。三菱UFJ銀行は昇格・登用、支援金などを合わせて実質的に平均7%超の賃上げをする。

（2023年3月29日　日本経済新聞）

横浜銀行「県内顧客基盤広げる」　神奈川銀行と経営統合

コンコルディア・フィナンシャルグループ（FG）傘下の横浜銀行と神奈川銀行は3日、経営統合することで合意した。合併はせず神奈川銀行を横浜銀行の完全子会社とすることを目指す。横浜銀は県内の中堅企業以上を、神奈川銀が中小零細企業を担い、県内の顧客基盤のさらなる強化を図る。関東で初めての「一県一グループ」体制となる。

横浜銀の片岡達也頭取は3日の記者会見で「神奈川県内の顧客基盤を拡大し対面営業を強化する。資本や人材など経営資源を集約し、経営基盤の強化をはかる」と経営統合の意図を説明した。神奈川銀の近藤和明頭取は「グループ内の資金融通などで積極的な融資に踏み切れるようになる」と期待をにじませた。

神奈川銀は1953年神奈川相互銀行として設立され、89年に普通銀行に転換した第二地方銀行だ。2022年3月時点で34ある本支店は全て県内にあり、

名実ともに神奈川県を地盤としている。

横浜銀は7.76％（22年3月末）を出資する大株主で、これまでも神奈川銀との連携を深めてきた。相互ATMの手数料優遇や、SDGs（持続可能な開発目標）関連の融資商品のノウハウの提供など個々の業務での提携を進めていた。横浜銀の出身者が神奈川銀の経営陣に派遣されることも多く、近年では横浜銀出身者が頭取に就任することが続いていた。

（2023年2月3日　日本経済新聞）

ネット証券が戦略転換、富裕層も　マネックスは専業会社

インターネット証券があまり力を入れてこなかった富裕層ビジネスを強化する。マネックスグループは専業会社を立ち上げた。SBIホールディングスは銀行との共同店舗を軸に顧客を開拓する。営業拠点や担当者を置き、リアルで顧客を増やす。株式売買などの手数料を下げてネットで個人投資家を取り込む戦略には限界が見えており、収益の多角化を急ぐ。

SBIや楽天証券は口座数で野村証券を上回る規模に成長し、足元でも口座開設の伸びは高水準だが、新規客は投資信託の積み立てなど少額の利用者であることが多い。顧客は増えても利益にはつながりにくい。そこで多額の預かり資産を見込める富裕層にも照準を合わせる。

保有する金融資産がおおむね1億円を超える日本の富裕層人口は世界で2番目に多く、資産額は10年間で7割増えた。成長市場とみて経営資源を割り振る。後発のネット証券がシェアを取るのは容易ではない。

マネックスは21年に富裕層向けの事業を始め、22年10月にマネックスPBとして分社化した。商品やシステムはグループの共通基盤を活用して富裕層営業に特化する。22年11月に東京に次ぐ2カ所目の拠点を名古屋市に開いた。担当者も増やして営業を強化する。

地域金融機関との提携で事業を伸ばす。地方にいる中小企業経営者や不動産オーナーなどの資産家に対して、地域金融機関は資産運用や事業承継の需要をとらえきれていない。マネックスPBの足立哲社長は「大阪や福岡にも拠点をつくって全国をカバーする体制を整えたい」と話す。

SBIは銀行との共同店舗「SBIマネープラザ」を軸に富裕層を開拓する。2月にSBI新生銀行との共同店舗を東京・銀座に開く。東和銀行や清水銀行など出資先との共同店舗も全国に展開してきた。新規株式公開（IPO）支援などを通し

て取引する企業オーナーらの資産運用ニーズを取り込んでいく。

楽天証券は富裕層向けの営業部隊を自社に持たない。提携する約120の金融商品仲介業者を通して富裕層向けに運用をプロに任せる商品などを提供する。仲介業者を経由した預かり資産残高は1兆円を超えた。

ネット証券が実店舗を運営すればコストがかかる。ネット証券は金融商品の幅広いラインアップを強みにする一方、富裕層向けサービスのノウハウは大手金融機関に比べ見劣りする。経験者を中途採用するなどして体制の整備を急ぐ。

（2023年1月25日　日本経済新聞）

八十二銀と長野銀が統合合意、システムは八十二銀に

八十二銀行と長野銀行は20日、経営統合で最終合意したと発表した。今後、長野銀株1株に八十二銀株2.54株を割り当てる株式交換を実施。6月1日付で八十二銀が長野銀を完全子会社にした後で早期に合併する。長引く低金利や高齢化の加速など地域金融機関の稼ぐ力が衰えるなか、経営基盤をより強固にして生き残りを目指す。

両行が同日開いた取締役会で統合を決議した。東洋大学国際学部の野崎浩成教授は、直近の株価などをもとに決められた株式交換比率について「市場の評価と整合しており妥当な結果と考えられる」とした。長野銀が3月24日に開催予定の臨時株主総会で承認を受けたうえで実施する。長野銀は5月30日付で上場廃止となる。

完全子会社化後の早い段階で両行は合併する計画。22年9月末の統合方針発表時には合併時期を「約2年後をメド」としていたが、八十二銀の松下正樹頭取は20日の会見で「より早く統合効果を出すためにもできるだけ早期に合併したい」と話した。

合併で重要な基幹システムについては現在、八十二銀が日本IBM、長野銀はNTTデータのシステムを活用している。松下頭取は「八十二銀には関連会社を含めて300人のシステム要員がおり、八十二銀のシステムを基本にしていく」と説明した。

（2023年1月20日　日本経済新聞）

現職者・退職者が語る 金融業界の口コミ

※編集部に寄せられた情報を基に作成

▶労働環境

職種：法人営業　　年齢・性別：20代後半・男性

・実績をあげていれば有給取得や定時帰り等はスムーズにできます。案件が立て込むときと，閑散期とで残業時間は大きく変わります。
・年間を通した進行が見通せれば，自分の予定を立てやすいです。
・休日出勤は案件によっては必要になる場合もあります。

職種：個人営業　　年齢・性別：30代後半・女性

・総合職として入社すると３カ月間に渡る新入社員研修があります。
・FPや証券アナリスト講座などを受ける機会が定期的にあります。
・業務は多忙ですが，資格を取得しておけばその後の人生に有利かと。
・語学に自信があれば社内選考に挑戦し海外赴任という道もあります。

職種：外商　　年齢・性別：20代前半・男性

・仕事は全てトップダウンで決められていきます。
・経営陣からブロック長，支店長と上から目標が与えられてきます。
・コンプライアンスに関して厳しく，手続等細かく決められています。自分で工夫を行う余地は少なく，体育会系気質の会社と言えます。

職種：経営幹部　　年齢・性別：30代前半・男性

・大企業なだけあって休暇日数は多め，有給休暇も取りやすいです。連続休暇制度も整っており，毎年旅行に行く社員も多いみたいです。支店であれば20時までには帰られ，土日出勤もほぼありません。
・業務量は非常に多いので，退社時間は個人の実力次第となります。

▶福利厚生

職種：個人営業　　年齢・性別：20代後半・男性

・日本や海外にも保養所があるなど，福利厚生は充実しています。
・年に2回のリフレッシュ休暇（土日を含めて9連休）があります。
・資格取得のための費用は全て会社が持ってくれます。
・転勤が多いため，家賃はほぼ全額会社が負担してくれます。

職種：投資銀行業務　　年齢・性別：20代後半・男性

・2カ月に1回有給休暇が取れるスポット休暇という制度があります。
・住宅補助については独身寮と，借り上げ社宅制度があります。
・独身寮は安くていいのですが，プライベートは全くないと言えます。
・労働時間については，1日あたり12時間程度はあります。

職種：個人営業　　年齢・性別：20代後半・男性

・福利厚生はとても充実していると思います。
・土日を合わせて9連休が1回，5連休が1回，毎年必ず取れます。
・年間5回まで取れる，1日スポットの休暇もあります。
・住宅補助は職階にもよりますが，最低でも家賃の3分の2が出ます。

職種：個人営業　　年齢・性別：20代後半・女性

・財形貯蓄や出産育児支援等，福利厚生はしっかりしています。
・有給休暇は初年度より20日間付与されるため，休みは多いです。
・有給休暇以外に連続5日間（土日含めて9日間）の休暇も取れます。
・食事補助もあるので，食堂があれば一食300円以下で食べられます。

▶仕事のやりがい

職種：経営幹部　　年齢・性別：30代前半・男性

・日本経済の原動力となっている中小企業を顧客としていることです。
・経営者の想いや事業にかける情熱に触れられるのは貴重な経験です。
・信頼関係を基に，企業の根幹を支える必要資金の供給を行います。
・事業成長のためのソリューションを提供できたときは感慨一入です。

職種：法人営業　　年齢・性別：20代後半・男性

・ホールセール営業の規模も大きくとてもやりがいがあります。
・やる気と仕事効率がよければ上司も期待値を込め評価してくれます。
・人間関係はめぐり合わせと思えれば，楽しい環境に感じられるはず。
・同期入社と比べられることも多いですが，仲間の存在は心強いです。

職種：個人営業　　年齢・性別：20代後半・男性

・扱う金額が大きいのでかなり刺激的な仕事だと思います。
・なかなか出会えないような経営者や高額納税者と仕事ができます。
・信頼を勝ち取って取引につながったときのやりがいは大きいです。他
　の業界ではあまり経験できないことだと思います。

職種：個人営業　　年齢・性別：20代後半・男性

・評価制度が透明で，ワークライフバランスも適度に調整できます。
・社員の雰囲気も良く，社内の風通しが非常に良いです。
・繁忙期に数字を達成した時には，非常にやりがいを感じます。
・社会貢献度も高く，前向きに仕事ができる環境だと思います。

▶ブラック？ホワイト？

職種：営業　　年齢・性別：30代後半・男性

・出世は，大卒で就職したプロパーが最優先です。
・中途採用者は全体の2％程度で，専門職の穴埋めという位置です。
・人事を決める役員・部長クラスには中途採用者はほぼいません。
・管理職になれなくても，給与はそれほど悪くはありません。

職種：法人営業　　年齢・性別：20代後半・男性

・昭和的な企業文化が色濃く残っており，出る杭は打たれやすいです。
・結果が出せれば，希望する職種・仕事への挑戦も認められます。
・法人営業で数字が出せない場合，体育会系の詰めがある場合も。
・逆境に耐えられるメンタルの強さが必要だと思います。

職種：個人営業　　年齢・性別：20代後半・女性

・営業職でがんばっていこうと思っている人にはいい会社です。
・成果は厳しく，イエスマンでなければ出世は望めないようです。
・営業職は給与に男女差はないので女性も働きやすいです。
・事務方は気配り根回し上手でないと出世はかなり狭き門のようです。

職種：営業　　年齢・性別：30代前半・男性

・社風は体育会系で，先輩の命令は絶対，縦の規律が厳しいです。
・営業数字，すなわち結果がすべてで，過程は評価されません。
・優先順位は，会社のため＞自分自身のため＞お客のためが鉄則です。
・社内のイベントは参加必須で，不参加なんてありえません。

▶女性の働きやすさ

職種：事務管理　　年齢・性別：20代後半・女性

・出産育児休暇，時短勤務については制度が整っていると思います。
・なかには計画的に取得し，2年程産休育休を取っている人もいます。
・出産後のキャリアについては，昇進とは縁遠くなる印象があります。
・子供がいる女性の管理職もいますが，昇進スピードは遅いです。

職種：法人営業　　年齢・性別：30代後半・男性

・女性総合職の大半は結婚や親の介護を理由に辞めてしまいます。
・女性総合職は本店や海外，大きな店舗に行く傾向が高いようです。
・今は女性支社長も誕生し，大きな仕事を任される人も増えています。
・女性総合職自体が少ないので，管理職はいまだ少数です。

職種：個人営業　　年齢・性別：20代後半・女性

・女性が多い職場だけに，産休育休制度は整っています。
・法定の産休のほか，育児休暇は2歳まで，男女とも取得可能です。
・職場復帰後は子供が小学3年生になるまで時短勤務を利用できます。
・一般職の女性の多くは，2年間の育児休暇を取得しているようです。

職種：貿易，国際業務　　年齢・性別：20代後半・女性

・女性役職者は年々増え，女性であってもキャリアアップが狙えます。
・産休制度や育休制度，時短制度など福利厚生面も充実しています。
・一般職だと時短も取りやすく，出産後も働き続けやすいと思います。
・総合職だと顧客都合などでワークライフバランスは正直望めません。

▶今後の展望

職種：営業　　年齢・性別：20代後半・男性

・ファイナンス分野における専門知識に乏しい人が多く先行きが不安。
・各社員がスキルアップできる人事改革が必要だと思います。
・2，3年ごとに全く異なる部門へ異動する制度の弊害だと思います。
・会社の発展には組織体制の改革が必要だと思います。

職種：法人営業　　年齢・性別：20代後半・男性

・外資保険業界との金融商品の開発と共存が課題となります。
・一般顧客への金融商品の勧誘と信託部門との連携の強化も必要に。
・各社共，信託部門の拡大と顧客の勧誘には力を入れているようです。
・今後の業界の方向性としては信託部門の拡大が主になると思います。

職種：法人営業　　年齢・性別：20代後半・男性

・圧倒的なネットワークにより，海外進出は収益の柱となるでしょう。
・ただ，大組織故の意思決定の遅さは，営業には致命的なハンデかと。
・海外事業という他のメガバンクを圧倒できる強みは非常に貴重です。
・今後はアジアへの進出をより強化していくようです。

職種：法人営業　　年齢・性別：50代後半・男性

・地元では抜群の知名度と安定感がありますが，競争は厳しいです。
・地銀らしくアットホームな感じですが，成果は常に求められます。
・近年では投資信託等，手数料ビジネスが中心となってきています。
・最近では，アジアを中心とした海外展開にも力を入れています。

金融業界　国内企業リスト（一部抜粋）

区別	会社名	本社住所
銀行業	島根銀行	島根県松江市東本町二丁目 35 番地
	じもとホールディングス	仙台市青葉区一番町二丁目 1 番 1 号 仙台銀行ビル 9 階
	新生銀行	東京都中央区日本橋室町 2-4-3 日本橋室町野村ビル
	あおぞら銀行	東京都千代田区九段南 1-3-1
	三菱 UFJ フィナンシャル・グループ	東京都千代田区丸の内二丁目 7 番 1 号
	りそなホールディングス	東京都江東区木場 1 丁目 5 番 65 号 深川ギャザリア W2 棟
	三井住友 トラスト・ホールディングス	東京都千代田区丸の内 1-4-1
	三井住友 フィナンシャルグループ	東京都千代田区丸の内一丁目 1 番 2 号
	第四銀行	新潟市中央区東堀前通七番町 1071 番地 1
	北越銀行	新潟県長岡市大手通二丁目 2 番地 14
	西日本シティ銀行	福岡市博多区博多駅前三丁目 1 番 1 号
	千葉銀行	千葉県千葉市中央区千葉港 1-2
	横浜銀行	神奈川県横浜市西区みなとみらい 3 丁目 1 番 1 号
	常陽銀行	茨城県水戸市南町 2 丁目 5 番 5 号
	群馬銀行	群馬県前橋市元総社町 194 番地
	武蔵野銀行	さいたま市大宮区桜木町一丁目 10 番地 8
	千葉興業銀行	千葉県千葉市美浜区幸町 2 丁目 1 番 2 号
	筑波銀行	茨城県土浦市中央二丁目 11 番 7 号
	東京都民銀行	東京都港区六本木 2 丁目 3 番 11 号七十七銀行
	青森銀行	青森市橋本一丁目 9 番 30 号
	秋田銀行	秋田県秋田市山王三丁目 2 番 1 号
	山形銀行	山形市七日町三丁目 1 番 2 号
	岩手銀行	盛岡市中央通一丁目 2 番 3 号
	東邦銀行	福島市大町 3-25
	東北銀行	盛岡市内丸 3 番 1 号

区別	会社名	本社住所
銀行業	みちのく銀行	青森市勝田一丁目3番1号
	ふくおか フィナンシャルグループ	福岡県福岡市中央区大手門一丁目8番3号
	静岡銀行	静岡県静岡市葵区呉服町1丁目10番地
	十六銀行	岐阜県岐阜市神田町8丁目26
	スルガ銀行	静岡県沼津市通横町23番地
	八十二銀行	長野市大字中御所字岡田178番地8
	山梨中央銀行	甲府市丸の内一丁目20番8号
	大垣共立銀行	岐阜県大垣市郭町3丁目98番地
	福井銀行	福井県福井市順化1丁目1番1号
	北國銀行	石川県金沢市下堤町1番地
	清水銀行	静岡県静岡市清水区富士見町2番1号
	滋賀銀行	滋賀賀県大津市浜町1番38号
	南都銀行	奈良市橋本町16番地
	百五銀行	三重県津市岩田21番27号
	京都銀行	京都市下京区烏丸通松原上る薬師前町700番地
	紀陽銀行	和歌山市本町1丁目35番地
	三重銀行	三重県四日市市西新地7番8号
	ほくほく フィナンシャルグループ	富山県富山市堤町通り1丁目2番26号
	広島銀行	広島市中区紙屋町1丁目3番8号
	山陰合同銀行	島根県松江市魚町10番地
	中国銀行	岡山市北区丸の内1丁目15番20号
	鳥取銀行	鳥取県鳥取市永楽温泉町171番地
	伊予銀行	松山市南堀端町1番地
	百十四銀行	香川県高松市亀井町5番地の1
	四国銀行	高知市南はりまや町一丁目1番1号
	阿波銀行	徳島市西船場町二丁目24番地の1
	鹿児島銀行	鹿児島市金生町6番6号
	大分銀行	大分市府内町3丁目4番1号

区別	会社名	本社住所
銀行業	宮崎銀行	宮崎県宮崎市橘通東四丁目 3 番 5 号
	肥後銀行	熊本市中央区紺屋町 1 丁目 13 番地 5
	佐賀銀行	佐賀市唐人二丁目 7 番 20 号
	十八銀行	長崎市銅座町 1 番 11 号
	沖縄銀行	那覇市久茂地 3 － 10 － 1
	琉球銀行	沖縄県那覇市久茂地 1 丁目 11 番 1 号
	八千代銀行	新宿区新宿 5-9-2
	セブン銀行	東京都千代田区丸の内 1-6-1
	みずほフィナンシャルグループ	東京都千代田区丸の内 2 丁目 5 番 1 号 丸の内二丁目ビル
	山口フィナンシャルグループ	山口県下関市竹崎町 4 丁目 2 番 36 号
	長野銀行	松本市渚 2 丁目 9 番 38 号
	名古屋銀行	名古屋市中区錦三丁目 19 番 17 号
	北洋銀行	札幌市中央区大通西 3 丁目 7 番地
	愛知銀行	愛知県名古屋市中区栄 3-14-12
	第三銀行	三重県松阪市京町 510 番地
	中京銀行	名古屋市中区栄三丁目 33 番 13 号
	東日本銀行	東京都中央区日本橋 3-11-2
	大光銀行	長岡市大手通一丁目 5 番地 6
	愛媛銀行	愛媛県松山市勝山町 2-1
	トマト銀行	岡山市北区番町 2 丁目 3 番 4 号
	みなと銀行	神戸市中央区三宮町 2 丁目 1 番 1 号
	京葉銀行	千葉県千葉市中央区富士見 1-11-11
	関西アーバン銀行	大阪府大阪市中央区西心斎橋 1 丁目 2 番 4 号
	栃木銀行	栃木県宇都宮市西 2-1-18
	北日本銀行	岩手県盛岡市中央通一丁目 6 番 7 号
	東和銀行	群馬県前橋市本町二丁目 12 番 6 号
	福島銀行	福島県福島市万世町 2-5
	大東銀行	福島県郡山市中町 19 番 1 号
	トモニホールディングス	香川県高松市亀井町 7 番地 1

区別	会社名	本社住所
銀行業	フィデアホールディングス	宮城県仙台市青葉区中央三丁目 1 番 24 号
	池田泉州ホールディングス	大阪府大阪市北区茶屋町 18 番 14 号
証券・商品先物取引業	FPG	東京都千代田区丸の内 2 丁目 3 番 2 号 郵船ビル 7F
	SBI ホールディングス	東京都港区六本木一丁目 6 番 1 号
	日本アジア投資	東京都千代田区神田錦町三丁目 11 番地 精興竹橋共同ビル
	ジャフコ	東京都千代田区大手町 1-5-1 大手町ファーストスクエア　ウエストタワー 11 階
	大和証券グループ本社	東京都千代田区丸の内一丁目 9 番 1 号 グラントウキョウ　ノースタワー
	野村ホールディングス	東京都中央区日本橋 1-9-1
	岡三証券グループ	東京都中央区日本橋一丁目 17 番 6 号
	丸三証券	東京都千代田区麹町三丁目 3 番 6
	東洋証券	東京都中央区八丁堀 4-7-1
	東海東京フィナンシャル・ホールディングス	東京都中央区日本橋三丁目 6 番 2 号
	光世証券	大阪市中央区北浜二丁目 1 － 10
	水戸証券	東京都中央区日本橋二丁目 3 番 10 号
	いちよし証券	東京都中央区八丁堀二丁目 14 番 1 号
	松井証券	東京都千代田区麹町一丁目 4 番地
	だいこう証券ビジネス	東京都中央区日本橋兜町 13 番 1 号
	マネックスグループ	東京都千代田区麹町二丁目 4 番地 1 麹町大通りビル 13 階
	カブドットコム証券	東京都千代田区大手町 1-3-2　経団連会館 6F
	極東証券	東京都中央区日本橋茅場町 1-4-7
	岩井コスモホールディングス	大阪市中央区今橋 1 丁目 8 番 12 号
	マネーパートナーズグループ	東京都港区六本木一丁目 6 番 1 号 泉ガーデンタワー 16 階
	小林洋行	東京都中央区日本橋蛎殻町一丁目 15 番 7 号 小林洋行ビル 2 号館

区別	会社名	本社住所
その他金融業	全国保証	東京都千代田区大手町二丁目 1 番 1 号 大手町野村ビル
	クレディセゾン	東京都豊島区東池袋 3-1-1 サンシャイン 60・52F
	アクリーティブ	千葉県市川市南八幡 4-9-1
	芙蓉総合リース	東京都千代田区三崎町 3-3-23 ニチレイビル
	興銀リース	東京都港区虎ノ門一丁目 2 番 6 号
	東京センチュリーリース	東京都千代田区神田練塀町 3　富士ソフトビル
	日本証券金融	東京都中央区日本橋茅場町 1-2-10
	アイフル	京都市下京区烏丸通五条上る高砂町 381-1
	ポケットカード	東京都港区芝 1 丁目 5 番 9 号 住友不動産芝ビル 2 号館
	リコーリース	東京都江東区東雲一丁目 7 番 12 号
	イオン フィナンシャルサービス	千葉県千葉市美浜区中瀬 1-5-1　イオンタワー
	アコム	東京都千代田区丸の内二丁目 1 番 1 号 明治安田生命ビル
	ジャックス	東京都渋谷区恵比寿 4 丁目 1 番 18 号 恵比寿ネオナート
	オリエントコーポレーション	東京都千代田区麹町 5 丁目 2 番地 1
	日立キャピタル	東京都港区西新橋二丁目 15 番 12 号（日立愛宕別館）
	アプラスフィナンシャル	大阪市中央区南船場一丁目 17 番 26 号
	オリックス	東京都港区浜松町 2 丁目 4 番 1 号 世界貿易センタービル
	三菱 UFJ リース	東京都千代田区丸の内 1-5-1 新丸の内ビルディング
	日本取引所グループ	東京都中央区日本橋兜町 2-1
	イー・ギャランティ	東京都港区赤坂 5-3-1 赤坂サカス内 赤坂 Biz タワー 37 階
	アサックス	東京都渋谷区広尾 1 丁目 3 番 14 号
	NEC キャピタル ソリューション	東京都港区港南二丁目 15 番 3 号 （品川インターシティ C 棟）

第**3**章

就職活動のはじめかた

入りたい会社は決まった。しかし「就職活動とはそもそも何をしていいのかわからない」「どんな流れで進むかわからない」という声は意外と多い。ここでは就職活動の一般的な流れや内容，対策について解説していく。

▶就職活動のスケジュール

3月	**4**月	**6**月

就職活動スタート

2025年卒の就活スケジュールは,経団連と政府を中心に議論され,2024年卒の採用選考スケジュールから概ね変更なしとされている。

エントリー受付・提出

OB・OG訪問

企業の説明会には積極的に参加しよう。独自の企業研究だけでは見えてこなかった新たな情報を得る機会であるとともに,モチベーションアップにもつながる。また,説明会に参加した者だけに配布する資料などもある。

合同企業説明会　　**個別企業説明会**

筆記試験・面接試験等始まる（3月〜）

内々定（大手企業）

2月末までにやっておきたいこと

就職活動が本格化する前に，以下のことに取り組んでおこう。
◎自己分析　◎インターンシップ　◎筆記試験対策
◎業界研究・企業研究　◎学内就職ガイダンス
自分が本当にやりたいことはなにか，自分の能力を最大限に活かせる会社はどこか。自己分析と企業研究を重ね，それを文章などにして明確にしておき，面接時に最大限に活用できるようにしておこう。

7月　　**8月**　　**10月**

中 小 企 業 採 用 本 格 化

内定者の数が採用予定数に満たない企業，1年を通して採用を継続している企業，夏休み以降に採用活動を実施企業（後期採用）は採用活動を継続して行っている。大企業でも後期採用を行っていることもあるので，企業から内定が出ても，納得がいかなければ継続して就職活動を行うこともある。

中小企業の採用が本格化するのは大手企業より少し遅いこの時期から。HPなどで採用情報をつかむとともに，企業研究も怠らないようにしよう。

内々定とは10月1日以前に通知（電話等）されるもの。内定に関しては現在協定があり，10月1日以降に文書等にて通知される。

内々定（中小企業）　　　内定式（10月～）

どんな人物が求められる?

多くの企業は，常識やコミュニケーション能力があり，社会のできごとに高い関心を持っている人物を求めている。これは「会社の一員として将来の企業発展に寄与してくれるか」という視点に基づく，もっとも普遍的な選考基準だ。もちろん，「自社の志望を真剣に考えているか」「自社の製品，サービスにどれだけの関心を向けているか」という熱意の部分も重要な要素になる。

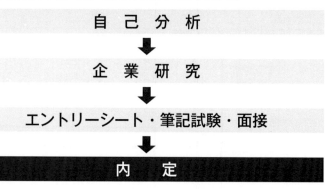

就活ロールプレイ！

理論編

理論編
STEP 1　　就職活動のスタート

内定までの道のりは，大きく分けると以下のようになる。

自 己 分 析

↓

企 業 研 究

↓

エントリーシート・筆記試験・面接

↓

内　　　定

01 まず自己分析からスタート

就職活動とは，「企業に自分をPRすること」。自分自身の興味，価値観に加えて，強み・能力という要素が加わって，初めて企業側に「自分が働いたら，こういうポイントで貢献できる」と自分自身を売り込むことができるようになる。

■**自分の来た道を振り返る**

自己分析をするための第一歩は，「振り返ってみる」こと。

小学校，中学校など自分のいた"場"ごとに何をしたか（部活動など），何を学んだか，交友関係はどうだったか，興味のあったこと，覚えている印象的なことを書き出してみよう。

■**テストを受けてみる**

"自分では気がついていない能力"を客観的に検査してもらうことで，自分に向いている職種が見えてくる。下記の5種類が代表的なものだ。

①職業適性検査　②知能検査　③性格検査

④職業興味検査　⑤創造性検査

■先輩や専門家に相談してみる

就職活動をするうえでは，"いかに他人に自分のことをわかってもらうか"が重要なポイント。他者の視点で自分を分析してもらうことで，より客観的な視点で自己PRができるようになる。

自己分析の流れ

❏過去の経験を書いてみる

❏現在の自己イメージを明確にする…行動，考え方，好きなものなど。

❏他人から見た自分を明確にする

❏将来の自分を明確にしてみる…どのような生活をおくっていたいか。期待，夢，願望。なりたい自分はどういうものか，掘り下げて考える。→自己分析結果を，志望動機につなげていく。

01 企業の絞り込み

志望企業の絞り込みについての考え方は大きく分けて2つある。

第1は，同一業種の中で1次候補，2次候補……と絞り込んでいく方法。

第2は，業種を1次，2次，3次候補と変えながら，それぞれに2社程度ずつ絞り込んでいく方法。

第1の方法では，志望する同一業種の中で，一流企業，中堅企業，中小企業，縁故などがある歯止めの会社……というふうに絞り込んでいく。

第2の方法では，自分が最も望んでいる業種，将来好きになれそうな業種，発展性のある業種，安定性のある業種，現在好況な業種……というふうに区別して，それぞれに適当な会社を絞り込んでいく。

02 情報の収集場所

・キャリアセンター

・新聞

・インターネット

・企業情報

『就職四季報』（東洋経済新報社刊），『日経会社情報』（日本経済新聞社刊）などの企業情報。この種の資料は本来"株式市場"についての資料だが，その時期の景気動向を含めた情報を仕入れることができる。

・経済雑誌

『ダイヤモンド』（ダイヤモンド社刊）や『東洋経済』（東洋経済新報社刊），『エコノミスト』（毎日新聞出版刊）など。

・OB・OG／社会人

①成長力

　まず"売上高"。次に資本力の問題や利益率などの比率。いくら資本金があっても，それを上回る膨大な借金を抱えていて，いくら稼いでも利払いに追われまくるようでは，成長できないし，安定できない。

　成長力を見るには自己資本率を割り出してみる。自己資本を総資本で割って100を掛けると自己資本率がパーセントで出てくる。自己資本の比率が高いほうが成長力もあり安定度も高い。

　利益率は純利益を売上高で割って100を掛ける。利益率が高ければ，企業はどんどん成長するし，社員の待遇も上昇する。利益率が低いということは，仕事がどんなに忙しくても利益にはつながらないということになる。

②技術力

　技術力は，短期的な見方と長期的な展望が必要になってくる。研究部門が適切な規模か，大学など企業外の研究部門との連絡があるか，先端技術の分野で開発を続けているかどうかなど。

③経営者と経営形態

　会社が将来，どのような発展をするか，または衰退するかは経営者の経営哲学，経営方針によるところが大きい。社長の経歴を知ることも必要。創始者の息子，孫といった親族が社長をしているのか，サラリーマン社長か，官庁などからの天下りかということも大切なチェックポイント。

④社風

　社風というのは先輩社員から後輩社員に伝えられ，教えられるもの。社風もいろいろな面から必ずチェックしよう。

⑤安定性

　企業が成長しているか，安定しているかということは車の両輪。どちらか片方の回転が遅くなっても企業はバランスを失う。安定し，しかも成長する。これが企業として最も理想とするところ。

⑥待遇

　初任給だけを考えてみても，それが手取りなのか，基本給なのか。基本給というのはボーナスから退職金，定期昇給の金額にまで響いてくる。また，待遇というのは給与ばかりではなく，福利厚生施設でも大きな差が出てくる。

■そのほかの会社比較の基準

1. ゆとり度

　休暇制度は，企業によって独自のものを設定しているところもある。「長期休暇制度」といったものなどの制定状況と，また実際に取得できているかどうかも調べたい。

2. 独身寮や住宅設備

　最近では，社宅は廃止し，住宅手当を多く出すという流れもある。寮や社宅についての福利厚生は調べておく。

3. オフィス環境

　会社に根づいた慣習や社員に対する考え方が，意外にオフィスの設備やレイアウトに表れている場合がある。

　たとえば，個人の専有スペースの広さや区切り方，パソコンなどOA機器の設置状況，上司と部下の机の配置など，会社によってずいぶん違うもの。玄関ロビーや受付の様子を観察するだけでも，会社ごとのカラーや特徴がどこかに見えてくる。

4. 勤務地

　転勤はイヤ，どうしても特定の地域で生活していきたい。そんな声に応えて，最近は流通業などを中心に，勤務地限定の雇用制度を取り入れる企業も増えている。

---

column　初任給では分からない本当の給与

　会社の給与水準には「初任給」「平均給与」「平均ボーナス」「モデル給与」など，判断材料となるいくつかのデータがある。これらのデータからその会社の給料の優劣を判断するのは非常に難しい。

　たとえば中小企業の中には，初任給が飛び抜けて高い会社がときどきある。しかしその後の昇給率は大きくないのがほとんど。

　一方，大手企業の初任給は業種間や企業間の差が小さく，ほとんど横並びと言っていい。そこで，「平均給与」や「平均ボーナス」などで将来の予測をするわけだが，これは一応の目安とはなるが，個人差があるので正確とは言えない。

■決定版「就職ノート」はこう作る

1冊にすべて書き込みたいという人には，ルーズリーフ形式のノートがお勧め。会社研究，スケジュール，時事用語，OB／OG訪問，切り抜きなどの項目を作りインデックスをつける。

カレンダー，説明会，試験などのスケジュール表を貼り，とくに会社別の説明会，面談，書類提出，試験の日程がひと目で分かる表なども作っておく。そして見開き2ページで1社を載せ，左ページに企業研究，右ページには志望理由，自己PRなどを整理する。

就職ノートの主なチェック項目

❏企業研究…資本金，業務内容，従業員数など基礎的な会社概要から，過去の採用状況，業務報告などのデータ

❏採用試験メモ…日程，条件，提出書類，採用方法，試験の傾向など

❏店舗・営業所見学メモ…流通関係，銀行などの場合は，客として訪問し，商品（値段，使用価値，ユーザーへの配慮），店員（接客態度，商品知識，熱意，親切度），店舗（ショーケース，陳列の工夫，店内の清潔さ）などの面をチェック

❏OB／OG訪問メモ…OB／OGの名前，連絡先，訪問日時，面談場所，質疑応答のポイント，印象など

❏会社訪問メモ…連絡先，人事担当者名，会社までの交通機関，最寄り駅からの地図，訪問のときに得た情報や印象，訪問にいたるまでの経過も記入

05 「OB／OG訪問」

　「OB／OG訪問」は，実際は採用予備選考開始。まず，OB／OG訪問を希望したら，大学のキャリアセンター，教授などの紹介で，志望企業に勤める先輩の手がかりをつかむ。もちろん直接電話なり手紙で，自分の意向を会社側に伝えてもいい。自分の在籍大学，学部をはっきり言って，「先輩を紹介していただけないでしょうか」と依頼しよう。

参考

OB／OG訪問時の質問リスト例

● **採用について**
　・成績と面接の比重　　　　　・評価のポイント
　・採用までのプロセス（日程）・筆記試験の傾向と対策
　・面接は何回あるか　　　　　・コネの効力はどうか
　・面接で質問される事項　etc.

● **仕事について**
　・内容（入社10年, 20年のOB/OG）・新入社員の仕事
　・希望職種につけるのか　　　・やりがいはどうか
　・残業，休日出勤，出張など　・同業他社と比較してどうか　etc.

● **社風について**
　・社内のムード　　　　　　　・上司や同僚との関係
　・仕事のさせ方　etc.

● **待遇について**
　・給与について　　　　　　　・福利厚生の状態
　・昇進のスピード　　　　　　・離職率について　etc.

インターンシップとは，学生向けに企業が用意している「就業体験」プログラム。ここで学生はさまざまな企業の実態をより深く知ることができ，その後の就職活動において自己分析，業界研究，職種選びなどに活かすことができる。また企業側にとっても有能な学生を発掘できるというメリットがあるため，導入する企業は増えている。

インターンシップ参加が採用につながっているケースもあるため，たくさん参加してみよう。

column　コネを利用するのも１つの手段？

コネを活用できるのは，以下のような場合である。

・企業と大学に何らかの「連絡」がある場合

　企業の新卒採用の場合，特定校・指定校が決められていることもある。企業側が過去の実績などに基づいて決めており，大学の力が大きくものをいう。

　とくに理工系では，指導教授や研究室と企業との連絡が密接な場合が多く，教授の推薦が有利であることは言うまでもない。同じ大学出身の先輩とのコネも，この部類に区分できる。

・志望企業と「関係」ある人と関係がある場合

　一般的に言えば，志望企業の取り引き先関係からの紹介というのが一番多い。ただし，年間億単位の実績が必要で，しかも部長・役員以上につながっていなければコネがあるとは言えない。

・志望企業と何らかの「親しい関係」がある場合

　志望企業に勤務したりアルバイトをしていたことがあるという場合。インターンシップもここに分類される。職場にも馴染みがあり人間関係もできているので，就職に際してきわめて有利。

・志望会社に関係する人と「縁故」がある場合

　縁故を「血縁関係」とした場合，日本企業ではこのコネはかなり有効なところもある。ただし，血縁者が同じ会社にいるというのは不都合なことも多いので，どの企業も慎重。

1. 受付の様子

受付事務がテキパキとしていて，分かりやすいかどうか。社員の態度が親切で誠意が伝わってくるかどうか。

こういった受付の様子からでも，その会社の社員教育の程度や，新入社員採用に対する熱意とか期待を推し測ることができる。

2. 控え室の様子

控え室が2カ所以上あって，国立大学と私立大学の訪問者とが，別々に案内されているようなことはないか。また，面談の順番を意図的に変えているようなことはないか。これはよくある例で，すでに大半は内定しているということを意味する場合が多い。

3. 社内の雰囲気

社員の話し方，その内容を耳にはさむだけでも，社風が伝わってくる。

4. 面談の様子

何時間も待たせたあげくに，きわめて事務的に，しかも投げやりな質問しかしないような採用担当者である場合，この会社は人事が適正に行われていないということだから，一考したほうがよい。

参考 ▶ 説明会での質問項目

・質問内容が抽象的でなく，具体性のあるものかどうか。
・質問内容は，現在の社会・経済・政治などの情況を踏まえた，
　大学生らしい高度で専門性のあるものか。
・質問をするのはいいが，「それでは，あなたの意見はどうか」と
　逆に聞かれたとき，自分なりの見解が述べられるものであるか。

提出書類を用意する

提出する書類は6種類。①〜③が大学に申請する書類，④〜⑥が自分で書く書類だ。大学に申請する書類は一度に何枚も入手しておこう。

① 「卒業見込証明書」
② 「成績証明書」
③ 「健康診断書」
④ 「履歴書」
⑤ 「エントリーシート」
⑥ 「会社説明会アンケート」

■自分で書く書類は「自己PR」

第1次面接に進めるか否かは「自分で書く書類」の出来にかかっている。「履歴書」と「エントリーシート」は会社説明会に行く前に準備しておくもの。「会社説明会アンケート」は説明会の際に書き，その場で提出する書類だ。

01 履歴書とエントリーシートの違い

Webエントリーを受け付けている企業に資料請求をすると，資料と一緒に「エントリーシート」が送られてくるので，応募サイトのフォームやメールでエントリーシートを送付する。Webエントリーを行っていない企業には，ハガキやメールで資料請求をする必要があるが，「エントリーシート」は履歴書とは異なり，企業が設定した設問に対して回答するもの。すなわちこれが「1次試験」であり，これにパスをした人だけが会社説明会に呼ばれる。

■字はていねいに

字を書くところから，その企業に対する"本気度"は測られている。

■誤字，脱字は厳禁

使用するのは，黒のインク。

■修正液使用は不可

■数字は算用数字

■自分の広告を作るつもりで書く

自分はこういう人間であり，何がしたいかということを簡潔に書く。メリットになることだけで良い。自分に損になるようなことを書く必要はない。

■「やる気」を示す具体的なエピソードを

「私はやる気があります」「私は根気があります」という抽象的な表現だけではNG。それを示すエピソードのようなものを書かなくては意味がない。

Point

自己紹介欄の項目はすべて「自己PR」。自分はこういう人間であることを印象づけ，それがさらに企業への「志望動機」につながっていくような書き方をする。

---

column　履歴書やエントリーシートは，共通でもいい？

「履歴書」や「エントリーシート」は企業によって書き分ける。業種はもちろん，同じ業界の企業であっても求めている人材が違うからだ。各書類は提出前にコピーを取り，さらに出した企業名を忘れずに書いておくことも大切だ。

写真	スナップ写真は不可。 スーツ着用で,胸から上の物を使用する。ポイントは「清潔感」。 氏名・大学名を裏書きしておく。
日付	郵送の場合は投函する日,持参する場合は持参日の日付を記入する。
生年月日	西暦は避ける。元号を省略せずに記入する。
氏名	戸籍上の漢字を使う。印鑑押印欄があれば忘れずに押す。
住所	フリガナ欄がカタカナであればカタカナで,平仮名であれば平仮名で記載する。
学歴	最初の行の中央部に「学□□歴」と2文字程度間隔を空けて,中学校卒業から大学(卒業・卒業見込み)まで記入する。 中途退学の場合は,理由を簡潔に記載する。留年は記入する必要はない。 職歴がなければ,最終学歴の一段下の行の右隅に,「以上」と記載する。
職歴	最終学歴の一段下の行の中央部に「職□□歴」と2文字程度間隔を空け記入する。 「株式会社」や「有限会社」など,所属部門を省略しないで記入する。 「同上」や「〃」で省略しない。 最終職歴の一段下の行の右隅に,「以上」と記載する。
資格・免許	4級以下は記載しない。学習中のものも記載して良い。 「普通自動車第一種運転免許」など,省略せずに記載する。
趣味・特技	具体的に(例:読書でもジャンルや好きな作家を)記入する。
志望理由	その企業の強みや良い所を見つけ出したうえで,「自分の得意な事」がどう活かせるかなどを考えぬいたものを記入する。
自己PR	応募企業の事業内容や職種にリンクするような,自分の経験やスキルなどを記入する。
本人希望欄	面接の連絡方法,希望職種・勤務地などを記入する。「特になし」や空白はNG。
家族構成	最初に世帯主を書き,次に配偶者,それから家族を祖父母,兄弟姉妹の順に。続柄は,本人から見た間柄。兄嫁は,義姉と書く。
健康状態	「良好」が一般的。

01 エントリーシートの目的

・応募者を，決められた採用予定者数に絞り込むこと

・面接時の資料にする

の2つ。

■知りたいのは職務遂行能力

採用担当者が学生を見る場合は,「こいつは与えられた仕事をこなせるかどうか」という目で見ている。企業に必要とされているのは仕事をする能力なのだ。

Point

質問に忠実に，"自分がいかにその会社の求める人材に当てはまるか"を丁寧に答えること。

02 効果的なエントリーシートの書き方

■情報を伝える書き方

課題をよく理解していることを相手に伝えるような気持ちで書く。

■文章力

大切なのは全体のバランスが取れているか。書く前に，何をどれくらいの字数で収めるか計算しておく。

「起承転結」でいえば，「起」は，文章を起こす導入部分。「承」は，起を受けて，その提起した問題に対して承認を求める部分。「転」は，自説を展開する部分。もっともオリジナリティが要求される。「結」は,最後の締めの結論部分。文章の構成・まとめる力で，総合的な能力が高いことをアピールする。

表現力，理解力のチェックポイント

- 文法，語法が正しいかどうか
- 論旨が論理的で一貫しているかどうか
- 1センテンスが簡潔かどうか
- 表現が統一されているかどうか（「です，ます」調か「だ，である」調か）

STEP 5 面接試験の進みかた
理論編

01 個人面接

●自由面接法

面接官と受験者のキャラクターやその場の雰囲気，質問と応答の進行具合などによって雑談形式で自由に進められる。

●標準面接法

自由面接法とは逆に，質問内容や評価の基準などがあらかじめ決まっている。実際には自由面接法と併用で，おおまかな質問事項や判定基準，評価ポイントを決めておき，質疑応答の内容上の制限を緩和しておくスタイルが一般的。1次面接などでは標準面接法をとり，2次以降で自由面接法をとる企業も多い。

●非指示面接法

受験者に自由に発言してもらい，面接官は話題を引き出したりするときなど，最小限の質問をするという方法。

●圧迫面接法

わざと受験者の精神状態を緊張させ，受験者がどのような応答をするかを観察し，判定する。受験者は，冷静に対応することが肝心。

02 集団面接

面接の方法は個人面接と大差ないが，面接官がひとつの質問をして，受験者が順にそれに答えるという方法と，面接官が司会役になって，座談会のような形式で進める方法とがある。

座談会のようなスタイルでの面接は，なるべく受験者全員が関心をもっているような話題を取りあげ，意見を述べさせるという方法。この際，司会役以外の面接官は一言も発言せず，判定・評価に専念する。

03 グループディスカッション

グループディスカッション（以下，GD）の時間は30～60分程度，1グループの人数は5～10人程度で，司会は面接官が行う場合や，時間を決めて学生が交替で行うことが多い。面接官は内容については特に指示することはなく，受験者がどのようにGDを進めるかを観察する。

評価のポイントは，全体的には理解力，表現力，指導性，積極性，協調性など，個別的には性格，知識，適性などが観察される。

GDの特色は，集団の中での個人ということで，受験者の能力がどの程度のものであるか，また，どのようなことに向いているかを判定できること。受験者は，グループの中における自分の位置を面接官に印象づけることが大切だ。

グループディスカッション方式の面接におけるチェックポイント

❑ 全体の中で適切な論点を提供できているかどうか。
❑ 問題解決に役立つ知識を持っているか，また提供できているかどうか。
❑ もつれた議論を解きほぐし，的はずれの議論を元に引き戻す努力をしているかどうか。
❑ グループ全体としての目標をいつも考えているかどうか。
❑ 感情的な対立や攻撃をしかけているようなことはないか。
❑ 他人の意見に耳を傾け，よい意見には賛意を表し，それを全体に推し広げようという寛大さがあるかどうか。
❑ 議論の流れを自然にリードするような主導性を持っているかどうか。
❑ 提出した意見が議論の進行に大きな影響を与えているかどうか。

04 面接時の注意点

●控え室

控え室には，指定された時間の15分前には入室しよう。そこで担当の係から，面接に際しての注意点や手順の説明が行われるので，疑問点は積極的に聞くようにし，心おきなく面接にのぞめるようにしておこう。会社によっては，所定のカードに必要事項を書き込ませたり，お互いに自己紹介をさせたりする場合もある。また，この控え室での行動も細かくチェックして，合否の資料にしている会社もある。

●入室・面接開始

係員がドアの開閉をしてくれる場合もあるが，それ以外は軽くノックして入室し，必ずドアを閉める。そして入口近くで軽く一礼し，面接官か補助員の「どうぞ」という指示で正面の席に進み，ここで再び一礼をする。そして，学校名と氏名を名のって静かに着席する。着席時は，軽く椅子にかけるようにする。

●面接終了と退室

面接の終了が告げられたら，椅子から立ち上がって一礼し，椅子をもとに戻して，面接官または係員の指示を受けて退室する。

その際も，ドアの前で面接官のほうを向いて頭を下げ，静かにドアを開閉する。控え室に戻ったら，係員の指示を受けて退社する。

05 面接試験の評定基準

●協調性

企業という「集団」では，他人との協調性が特に重視される。

感情や態度が円満で調和がとれていること，極端に好悪の情が激しくなく，物事の見方や考え方が穏健で中立であることなど，職場での人間関係を円滑に進めていくことのできる人物かどうかが評価される。

●話し方

外観印象的には，言語の明瞭さや応答の態度そのものがチェックされる。小さな声で自信のない発言，乱暴野卑な発言は減点になる。

考えをまとめたら，言葉を選んで話すくらいの余裕をもって，真剣に応答しようとする姿勢が重視される。軽率な応答をしたり，まして発言に矛盾を指摘されるような事態は極力避け，もしそのような状況になりそうなときは，自分の非を認めてはっきりと謝るような態度を示すべき。

●好感度

実社会においては，外観による第一印象が，人間関係や取引に大きく影響を及ぼす。

「フレッシュな爽やかさ」に加え，入社志望など，自分の意思や希望をより明確にすることで，強い信念に裏づけられた姿勢をアピールできるよう努力したい。

●判断力

何を質問されているのか，何を答えようとしているのか，常に冷静に判断していく必要がある。

●**表現力**

話に筋道が通り理路整然としているか，言いたいことが簡潔に言えるか，話し方に抑揚があり聞く者に感銘を与えるか，用語が適切でボキャブラリーが豊富かどうか。

●**積極性**

活動意欲があり，研究心旺盛であること，進んで物事に取り組み，創造的に解決しようとする意欲が感じられること，話し方にファイトや情熱が感じられること，など。

●**計画性**

見通しをもって順序よく合理的に仕事をする性格かどうか，またその能力の有無。企業の将来性のなかに，自分の将来をどうかみ合わせていこうとしているか，現在の自分を出発点として，何を考え，どんな仕事をしたいのか。

●**安定性**

情緒の安定は，社会生活に欠くことのできない要素。自分自身をよく知っているか，他の人に流されない信念をもっているか。

●**誠実性**

自分に対して忠実であろうとしているか，物事に対してどれだけ誠実な考え方をしているか。

●**社会性**

企業は集団活動なので，自分の考えに固執したり，不平不満が多い性格は向かない。柔軟で適応性があるかどうか。

清潔感や明朗さ，若々しさといった外観面も重視される。

06 面接試験の質問内容

1. 志望動機

受験先の概要や事業内容はしっかりと頭の中に入れておく。また，その企業の企業活動の社会的意義と，自分自身の志望動機との関連を明確にしておく。「安定している」「知名度がある」「将来性がある」といった利己的な動機，「自

分の性格に合っている」というような，あいまいな動機では説得力がない。安定性や将来性は，具体的にどのような企業努力によって支えられているのかという考察も必要だし，それに対する受験者自身の評価や共感なども問われる。

①どうしてその業種なのか

②どうしてその企業なのか

③どうしてその職種なのか

以上の①〜③と，自分の性格や資質，専門などとの関連性を説明できるようにしておく。

自分がどうしてその会社を選んだのか，どこに大きな魅力を感じたのかを，できるだけ具体的に，情熱をもって語ることが重要。自分の長所と仕事の適性を結びつけてアピールし，仕事のやりがいや仕事に対する興味を述べるのもよい。

■複数の企業を受験していることは言ってもいい？

同じ職種，同じ業種で何社かかけもちしている場合，正直に答えてもかまわない。しかし，「第一志望はどこですか」というような質問に対して，正直に答えるべきかどうかというと，やはりこれは疑問がある。どんな会社でも，他社を第一志望にあげられれば，やはり愉快には思わない。

また，職種や業種の異なる会社をいくつか受験する場合も同様で，極端に性格の違う会社をあげれば，その矛盾を突かれるのは必至だ。

2. 仕事に対する意識・職業観

採用試験の段階では，次年度の配属予定が具体的に固まっていない会社もかなりある。具体的に職種や部署などを細分化して募集している場合は別だが，そうでない場合は，希望職種をあまり狭く限定しないほうが賢明。どの業界においても，採用後，新入社員には，研修としてその会社の各セクションをひと通り経験させる企業は珍しくない。そのうえで，具体的な配属計画を検討するのだ。

大切なことは，就職や職業というものを，自分自身の生き方の中にどう位置づけるか，また，自分の生活の中で仕事とはどういう役割を果たすのかを考えてみること。つまり自分の能力を活かしたい，社会に貢献したい，自分の存在価値を社会的に実現してみたい，ある分野で何か自分の力を試してみたい……，などの場合を考え，それを自分自身の人生観，志望職種や業種などとの関係を考えて組み立ててみる。自分の人生観をもとに，それを自分の言葉で表現できるようにすることが大切。

3. 自己紹介・自己PR

性格そのものを簡単に変えたり，欠点を克服したりすることは実際には難しいが，"仕方がない"という姿勢を見せることは禁物で，どんなささいなことでも，努力している面をアピールする。また一般的にいって，専門職を除けば，就職時になんらかの資格や技能を要求する企業は少ない。

ただ，資格をもっていれば採用に有利とは限らないが，専門性を要する業種では考慮の対象とされるものもある。たとえば英検，簿記など。

企業が学生に要求しているのは，4年間の勉学を重ねた学生が，どのように仕事に有用であるかということで，学生の知識や学問そのものを聞くのが目的ではない。あくまで，社会人予備軍としての謙虚さと素直さを失わないようにする。

知識や学力よりも，その人の人間性，ビジネスマンとしての可能性を重視するからこそ，面接担当者は，学生生活全般について尋ねることで，書類だけでは分からない人間性を探ろうとする。

何かうち込んだものや思い出に残る経験などは，その人の人間的な成長になんらかの作用を及ぼしているものだ。どんな経験であっても，そこから受けた印象や教訓などは，明確に答えられるようにしておきたい。

4. 一般常識・時事問題

一般常識・時事問題については筆記試験の分野に属するが，面接でこうしたテーマがもち出されることも珍しくない。受験者がどれだけ社会問題に関心をもっているか，一般常識をもっているか，また物事の見方・考え方に偏りがないかなどを判定する。知識や教養だけではなく，一問一答の応答を通じて，その人の性格や適応能力まで判断されることになる。

07 面接に向けての事前準備

■面接試験1カ月前までには万全の準備をととのえる

●志望会社・職種の研究

新聞の経済欄や経済雑誌などのほか，会社年鑑，株式情報など書物による研究をしたり，インターネットにあがっている企業情報や，検索によりさまざまな角度から調べる。すでにその会社へ就職している先輩や知人に会って知識を得たり，大学のキャリアセンターへ情報を求めるなどして総合的に判断する。

■専攻科目の知識・卒論のテーマなどの整理

大学時代にどれだけ勉強してきたか，専攻科目や卒論のテーマなどを整理しておく。

■時事問題に対する準備

毎日欠かさず新聞を読む。志望する企業の話題は，就職ノートに整理するなどもアリ。

面接当日の必需品

- ❏必要書類 (履歴書，卒業見込証明書，成績証明書，健康診断書，推薦状)
- ❏学生証
- ❏就職ノート (志望企業ファイル)
- ❏印鑑，朱肉
- ❏筆記用具 (万年筆，ボールペン，サインペン，シャープペンなど)
- ❏手帳，ノート
- ❏地図 (訪問先までの交通機関などをチェックしておく)
- ❏現金 (小銭も用意しておく)
- ❏腕時計 (オーソドックスなデザインのもの)
- ❏ハンカチ，ティッシュペーパー
- ❏くし，鏡 (女性は化粧品セット)
- ❏シューズクリーナー
- ❏ストッキング
- ❏折りたたみ傘 (天気予報をチェックしておく)
- ❏携帯電話，充電器

理論編
STEP6　　筆記試験の種類

■一般常識試験

社会人として企業活動を行ううえで最低限必要となる一般常識のほか，
英語，国語，社会（時事問題），数学などの知識の程度を確認するもの。

　難易度はおおむね中学・高校の教科書レベル。一般常識の問題集を1冊やっ
ておけばよいが，業界によっては専門分野が出題されることもあるため，必ず
志望する企業のこれまでの試験内容は調べておく。

■一般常識試験の対策

・**英語**　慣れておくためにも，教科書を復習する，英字新聞を読むなど。

・**国語**　漢字，四字熟語，反対語，同音異義語，ことわざをチェック。

・**時事問題**　新聞や雑誌,テレビ,ネットニュースなどアンテナを張っておく。

■適性検査

　SPI（Synthetic Personality Inventory）試験（SPI3試験）とも呼ばれ，能力
テストと性格テストを合わせたもの。

　能力テストでは国語能力を測る「言語問題」と，数学能力を測る「非言語問題」
がある。言語的能力，知覚能力，数的能力のほか，思考・推理能力，記憶力，
注意力などの問題で構成されている。

　性格テストは「はい」か「いいえ」で答えていく。仕事上の適性と性格の傾向
などが一致しているかどうかをみる。

SPIは職務への適応性を客観的にみるためのもの。

01 「論文」と「作文」

　一般に「論文」はあるテーマについて自分の意見を述べ，その論証をする文章で，必ず意見の主張とその論証という2つの部分で構成される。問題提起と論旨の展開，そして結論を書く。

　「作文」は，一般的には感想文に近いテーマ，たとえば「私の興味」「将来の夢」といったものがある。

　就職試験では「論文」と「作文」を合わせた“論作文”とでもいうようなものが出題されることが多い。

　論作文試験とは，「文章による面接」。テーマに書き手がどういう態度を持っているかを知ることが，出題の主な目的だ。受験者の知識・教養・人生観・社会観・職業観，そして将来への希望などが，どのような思考を経て，どう表現されているかによって，企業にとって，必要な人物かどうかを判断している。

　論作文の場合には，書き手の社会的意識や考え方に加え，「感銘を与える」働きが要求される。就職活動とは，企業に対し「自分をアピールすること」だということを常に念頭に置いておきたい。

Point

論文と作文の違い

	論　文	作　文
テーマ	学術的・社会的・国際的なテーマ。時事，経済問題など	個人的・主観的なテーマ。人生観，職業観など
表現	自分の意見や主張を明確に述べる。	自分の感想を述べる。
展開	四段型（起承転結）の展開が多い。	三段型（はじめに・本文・結び）の展開が多い。
文体	「だ調・である調」のスタイルが多い。	「です調・ます調」のスタイルが多い。

02 採点のポイント

・テーマ

与えられた課題（テーマ）を，受験者はどのように理解しているか。

出題されたテーマの意義をよく考え，それに対する自分の意見や感情が，十分に整理されているかどうか。

・表現力

課題について本人が感じたり，考えたりしたことを，文章で的確に表しているか。

・字・用語・その他

かなづかいや送りがなが合っているか，文中で引用されている格言やことわざの類が使用法を間違えていないか，さらに誤字・脱字に至るまで，文章の基本的な力が受験者の人柄ともからんで厳密に判定される。

・オリジナリティ

魅力がある文章とは，オリジナリティを率直に出すこと。自分の感情や意見を，自分の言葉で表現する。

・生活態度

文章は，書き手の人格や人柄を映し出す。平素の社会的関心や他人との協調性，趣味や読書傾向はどうであるかといった，受験者の日常における生き方，生活態度がみられる。

・字の上手・下手

できるだけ読みやすい字を書く努力をする。また，制限字数より文章が長くなって原稿用紙の上下や左右の空欄に書き足したりすることは避ける。消しゴムで消す場合にも，丁寧に。

いずれの場合でも，表面的な文章力を問うているのではなく，受験者の人柄のほうを重視している。

マナーチェックリスト

就活において企業の人事担当は，面接試験やOG／OB訪問，そして面接試験において，あなたのマナーや言葉遣いといった，「常識力」をチェックしている。現在の自分はどのくらい「常識力」が身についているかをチェックリストで振りかえり，何ができて，何ができていないかを明確にしたうえで，今後の取り組みに生かしていこう。

評価基準　5：大変良い　4：やや良い　3：どちらともいえない　2：やや悪い　1：悪い

	項　目	評　価	メ　モ
挨拶	明るい笑顔と声で挨拶をしているか		
	相手を見て挨拶をしているか		
	相手より先に挨拶をしているか		
	お辞儀を伴った挨拶をしているか		
	直接の応対者でなくても挨拶をしているか		
表情	笑顔で応対しているか		
	表情に私的感情がでていないか		
	話しかけやすい表情をしているか		
	相手の話は真剣な顔で聞いているか		
身だしなみ	前髪は目にかかっていないか		
	髪型は乱れていないか／長い髪はまとめているか		
	髭の剃り残しはないか／化粧は健康的か		
	服は汚れていないか／清潔に手入れされているか		
	機能的で職業・立場に相応しい服装をしているか		
	華美なアクセサリーはつけていないか		
	爪は伸びていないか		
	靴下の色は適当か／ストッキングの色は自然な肌色か		
	靴の手入れは行き届いているか		
	ポケットに物を詰めすぎていないか		

	項　目	評　価	メ　モ
言葉遣い	専門用語を使わず，相手にわかる言葉で話しているか		
	状況や相手に相応しい敬語を正しく使っているか		
	相手の聞き取りやすい音量・速度で話しているか		
	語尾まで丁寧に話しているか		
	気になる言葉癖はないか		
動作	物の授受は両手で丁寧に実施しているか		
	案内・指し示し動作は適切か		
	キビキビとした動作を心がけているか		
心構え	勤務時間・指定時間の5分前には準備が完了しているか		
	心身ともに健康管理をしているか		
	仕事とプライベートの切替えができているか		

☑ 常に自己点検をするクセをつけよう

「人を表情やしぐさ，身だしなみなどの見かけで判断してはいけない」と一般にいわれている。確かに，人の個性は見かけだけではなく，内面においても見いだされるもの。しかし，私たちは人を第一印象である程度決めてしまう傾向がある。それが面接試験など初対面の場合であればなおさらだ。したがって，チェックリストにあるような挨拶，表情，身だしなみ等に注意して面接試験に臨むことはとても重要だ。ただ，これらは面接試験前にちょっと対策したからといって身につくようなものではない。付け焼き刃的な対策をして面接試験に臨んでも，面接官はあっという間に見抜いてしまう。日頃からチェックリストにあるような項目を意識しながら行動することが大事であり，そうすることで，最初はぎこちない挨拶や表情等も，その人の個性に応じたすばらしい所作へ変わっていくことができるのだ。さっそく，本日から実行してみよう。

面接試験において，印象を決定づける表情はとても大事。
どのようにすれば感じのいい表情ができるのか，ポイントを確認していこう。

明るく,温和で 柔らかな表情をつくろう

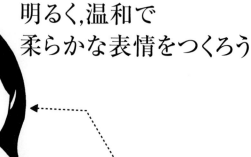

人間関係の潤滑油

表情に関しては，まずは豊かである
ということがベースになってくる。う
れしい表情，困った表情，驚いた表
情など，さまざまな気持ちを表現で
きるということが，人間関係を潤いの
あるものにしていく。

Point

　表情はコミュニケーションの大前提。相手に「いつでも話しかけてくださ
いね」という無言の言葉を発しているのが，就活に求められる表情だ。面接
官が安心してコミュニケーションをとろうと思ってくれる表情。それが，明
るく，温和で柔らかな表情となる。

カンタンTraining

いますぐデキる

Training 01

喜怒哀楽を表してみよう

- ・人との出会いを楽しいと思うことが表情の基本
- ・表情を豊かにする大前提は相手の気持ちに寄り添うこと
- ・目元・口元だけでなく，眉の動きを意識することが大事

Training 02

表情筋のストレッチをしよう

- ・表情筋は「ウイスキー」の発音によって鍛える
- ・意識して毎日，取り組んでみよう
- ・笑顔の共有によって相手との距離が縮まっていく

コミュニケーションは挨拶から始まり，その挨拶ひとつで印象は変わるもの。
ポイントを確認していこう。

丁寧にしっかりと
はっきり挨拶をしよう

人間関係の第一歩

挨拶は心を開いて，相手に近づくコ
ミュニケーションの第一歩。たかが
挨拶，されど挨拶の重要性をわきま
えて，きちんとした挨拶をしよう。形，
つまり"技"も大事だが，心をこめ
ることが最も重要だ。

Point

挨拶はコミュニケーションの第一歩。相手が挨拶するのを待っているの
は望ましくない。挨拶の際のポイントは丁寧であることと，はっきり声に出
すことの2つ。丁寧な挨拶は，相手を大事にして迎えている気持ちの表れ
となる。はっきり声に出すことで，これもきちんと相手を迎えていることが
伝わる。また，相手もその応答として挨拶してくれることで，会ってすぐに
双方向のコミュニケーションが成立する。

いますぐデキる

カンタン**Training**

Training **01**

３つのお辞儀をマスターしよう

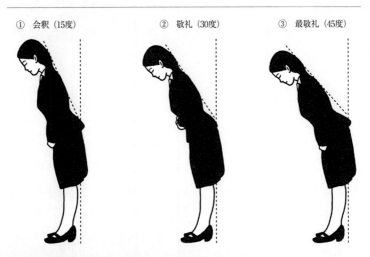

① 会釈（15度）　② 敬礼（30度）　③ 最敬礼（45度）

・息を吸うことを意識してお辞儀をするとキレイな姿勢に
・目線は真下ではなく，床前方1.5m先ぐらいを見よう
・相手への敬意を忘れずに

Training **02**

対面時は言葉が先，お辞儀が後

・相手に体を向けて先に自ら挨拶をする
・挨拶時，相手とアイコンタクトを
　しっかり取ろう
・挨拶の後に，お辞儀をする。
　これを「語先後礼」という

STEP3 聞く姿勢

実践編

コミュニケーションは「話す」よりも「聞く」ことといわれる。相手が話しやすい聞き方の，ポイントを確認しよう。

受容の立場で
傾聴しよう

相手の話を受けとめる

話を聞くときは，やや前に傾く姿勢をとる。表情と姿勢が合わさることにより，話し手の心が開き「あれも，これも話そう」という気持ちになっていく。また，「はい」と一度のお辞儀で頷くと相手の話を受け止めているというメッセージにつながる。

Point

　話をすること，話を聞いてもらうことは誰にとってもプレッシャーを伴うもの。そのため，「何でも話して良いんですよ」「何でも話を聞きますよ」「心配しなくて良いんですよ」という気持ちで聞くことが大切になる。その気持ちが聞く姿勢に表れれば，相手は安心して話してくれる。

いますぐデキる

カンタンTraining

頷きは一度で

- 相手が話した後に「はい」と
  一言発する
- 頷きすぎは逆効果

目線は自然に

- 鼻の付け根あたりを見ると
  自然な印象に
- 目を見つめすぎるのはNG

話の句読点で視線を移す

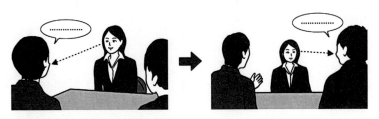

- 視線は話している人を見ることが基本
- 複数の人の話を聞くときは句読点を意識し，
  視線を振り分けることで聞く姿勢を表す

伝わる話し方

自分の意思を相手に明確に伝えるためには，話し方が重要となる。はっきりと的確に話すためのポイントを確認しよう。

明るい発声を心がけよう

ボリュームを意識して

話すときのポイントとしては，ボリュームを意識することが挙げられる。会議室の一番奥にいる人に声が届くように意識することで，声のボリュームはコントロールされていく。

Point

コミュニケーションとは「伝達」すること。どのようなことも，適当に伝えるのではなく，伝えるべきことがきちんと相手に届くことが大切になる。そのためには，はっきりと，分かりやすく，丁寧に，心を込めて話すこと。言葉だけでなく，表情やジェスチャーを加えることも有効。

いますぐデキる
カンタンTraining

Training 01

腹式呼吸で発声練習

- ・「あえいうえおあお」と発声する
- ・腹式呼吸は，胸部をなるべく動かさ
  ずに，息を吸うときにお腹や腰が膨
  らむよう意識する呼吸法

Training 02

早口言葉にチャレンジ

おあやや
母親に
お謝り

- ・「おあやや，母親に，お謝り」と早口で
- ・口がすぼまった「お」と口が開いた
  「あ」の発音に，変化をつけられる
  かがポイント

Training 03

ジェスチャーを有効活用

- ・腰より上でジェスチャーをする
- ・体から離した位置に手をもっていく
- ・ジェスチャーをしたら戻すところを
  さだめておく

STEP 5 身だしなみ

身だしなみはその人自身を表すもの。身だしなみの基本について、ポイントを
確認しよう。

清潔感,さわやかさを 醸し出せるようにしよう

プロの企業人に
ふさわしい身だしなみを

信頼感，安心感をもたれる身だしな
みを考えよう。TPOに合わせた服装は，
すなわち"礼"を表している。そして，
身だしなみには，「清潔感」,「品のよさ」,
「控え目である」という，3つのポイ
ントがある。

Point

相手との心理的な距離や物理的な距離が遠ければ，コミュニケーションは
成立しにくくなる。見た目が不潔では誰も近付いてこない。身だしなみが
清潔であること，爽やかであることは相手との距離を縮めることにも繋がる。

いますぐデキる
カンタンTraining

Training 01

髪型，服装を整えよう

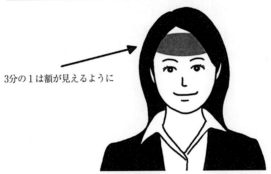

3分の1は額が見えるように

- 男性も女性も眉が見える髪型が望ましい。3分の1は額が見えるように。額は知性と清潔感を伝える場所。男性の髪の長さは耳や襟にかからないように
- スーツで相手の前に立つときは，ボタンはすべて留める。男性の場合は下のボタンは外す

Training 02

おしゃれとの違いを明確に

- 爪はできるだけ切りそろえる
- 爪の中の汚れにも注意
- ジェルネイル，ネイルアートはNG

Training 03

足元にも気を配って

- 女性の場合はパンプス，男性の場合は黒の紐靴が望ましい
- 靴はこまめに汚れを落とし見栄えよく

姿勢にはその人の意欲が反映される。前向き，活動的な姿勢を表すにはどうしたらよいか，ポイントを確認しよう。

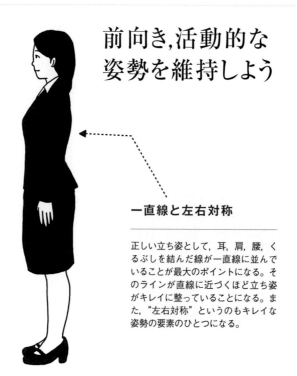

前向き,活動的な 姿勢を維持しよう

一直線と左右対称

正しい立ち姿として，耳，肩，腰，くるぶしを結んだ線が一直線に並んでいることが最大のポイントになる。そのラインが直線に近づくほど立ち姿がキレイに整っていることになる。また，"左右対称"というのもキレイな姿勢の要素のひとつになる。

Point

　姿勢は，身体と心の状態を反映するもの。そのため，良い姿勢でいることは，印象が清々しいだけでなく，健康で元気そうに見え，話しかけやすさにも繋がる。歩く姿勢，立つ姿勢，座る姿勢など，どの場面にも心身の健康状態が表れるもの。日頃から心身の健康状態に気を配り，フィジカルとメンタル両面の自己管理を心がけよう。

いますぐデキる
カンタンTraining

Training 01

キレイな歩き方を心がけよう

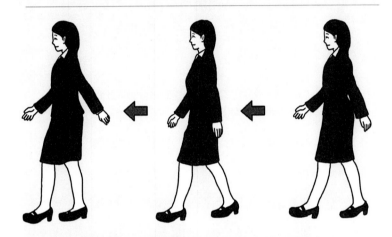

・女性は１本の線上を，男性はそれよりも太い線上を沿うように歩く
・一歩踏み出したときに前の足に体重を乗せるように，腰から動く
・12時の方向につま先をもっていく

Training 02

前向きな気持ちを持とう

・常に前向きな気持ちが姿勢を正す
・ポジティブ思考を心がけよう

言葉遣いの正しさはとは，場面にあった言葉を遣うということ。相手を気づかいながら，言葉を選ぶことで，より正しい言葉に近づいていく。

相手と場面に合わせた ふさわしい言葉遣いを

次の文は接客の場面でよくある間違えやすい敬語です。
それぞれの言い方は○×どちらでしょうか。

問1 「資料をご拝読いただきありがとうございます」

問2 「こちらのパンフレットはもういただかれましたか？」

問3 「恐れ入りますが，こちらの用紙にご記入してください」

問4 「申し訳ございませんが，来週，休ませていただきます」

問5 「先ほどの件，帰りましたら上司にご報告いたしますので」

Point

ビジネスのシーンに敬語は欠くことができない。何度もやり取りをしていく中で，親しさの度合いによっては，あえてくだけた表現を用いることもあるが，「親しき仲にも礼儀あり」と言われるように，敬意や心づかいをおろそかにしてはいけないもの。相手に誤解されたり，相手の気分を壊すことのないように，相手や場面にふさわしい言葉遣いが大切になる。

解答と解説

問1 （×）　○正しい言い換え例

→「ご覧いただきありがとうございます」など

　「拝読」は自分が「読む」意味の謙譲語なので，相手の行為に使うのは誤り。読むと見るは同義なため，多く，見るの尊敬語「ご覧になる」が用いられる。

問2 （×）　○正しい言い換え例

→「お持ちですか」「お渡ししましたでしょうか」 など

　「いただく」は，食べる・飲む・もらうの謙譲語。「もらったかどうか」と聞きたいのだから，「おもらいになりましたか」と言えないこともないが，持っているかどうか，受け取ったかどうかという意味で「お持ちですか」などが使われることが多い。また，自分側が渡すような場合は，「お渡しする」を使って「お渡ししましたでしょうか」などの言い方に換えることもできる。

問3 （×）　○正しい言い換え例

→「恐れ入りますが，こちらの用紙にご記入ください」など

　「ご記入する」の「お（ご）〜する」は謙譲語の形。相手の行為を謙譲語で表すことになるため誤り。「して」を取り除いて「ご記入ください」か，和語に言い換えて「お書きください」とする。ほかにも「お書き／ご記入・いただけますでしょうか・願います」などの表現もある。

問4 （△）

　有給休暇を取る場合や，弔事等で休むような場面で，用いられることも多い。「休ませていただく」ということで一見丁寧に響くが，「来週休むと自分で休みを決めている」という勝手な表現にも受け取られかねない言葉だ。ここは同じ「させていただく」を用いても，相手の都合をうかがう言い方に換えて「○○がございまして，申し訳ございませんが，休みをいただいてもよろしいでしょうか」などの言い換えが好ましい。

問5 （×）○正しい言い換え例

→「上司に報告いたします」

　「ご報告いたします」は，ソトの人との会話で使うとするならば誤り。「ご報告いたします」の「お・ご〜いたす」は，「お・ご〜する」と「〜いたす」という2つの敬語を含む言葉。そのうちの「お・ご〜する」は，主語である自分を低めて相手＝上司を高める働きをもつ表現（謙譲語Ⅰ）。一方「〜いたす」は，主語の私を低めて，話の聞き手に対して丁重に述べる働きをもつ表現（謙譲語Ⅱ　丁重語）。「お・ご〜する」も「〜いたす」も同じ謙譲語であるため紛らわしいが，主語を低める（謙譲）という働きは同じでも，行為の相手を高める働きがあるかないかという点に違いがあるといえる。

敬語は正しく使用することで，相手の印象を大きく変えることができる。尊敬語，謙譲語の区別をはっきりつけて，誤った用法で話すことのないように気をつけよう。

言葉の使い方が
マナーを表す!

■よく使われる尊敬語の形　「言う・話す・説明する」の例

専用の尊敬語型	おっしゃる
〜れる・〜られる型	言われる・話される・説明される
お（ご）〜になる型	お話しになる・ご説明になる
お（ご）〜なさる型	お話しなさる・ご説明なさる

■よく使われる謙譲語の形　「言う・話す・説明する」の例

専用の謙譲語型	申す・申し上げる
お（ご）〜する型	お話しする・ご説明する
お（ご）〜いたす型	お話しいたします・ご説明いたします

Point

　同じ尊敬語・謙譲語でも，よく使われる代表的な形がある。ここではその一例をあげてみた。敬語の使い方に迷ったときなどは，まずはこの形を思い出すことで，大抵の語はこの型にはめ込むことができる。同じ言葉を用いたほうがよりわかりやすいといえるので，同義に使われる「言う・話す・説明する」を例に考えてみよう。

　ほかにも「お話しくださる」や「お話しいただく」「お元気でいらっしゃる」などの形もあるが，まずは表の中の形を見直そう。

■よく使う動詞の尊敬語・謙譲語

なお，尊敬語の中の「言われる」などの「れる・られる」を付けた形は省力している。

基本	尊敬語（相手側）	謙譲語（自分側）
会う	お会いになる	お目にかかる・お会いする
言う	おっしゃる	申し上げる・申す
行く・来る	いらっしゃる おいでになる お見えになる お越しになる お出かけになる	伺う・参る お伺いする・参上する
いる	いらっしゃる・おいでになる	おる
思う	お思いになる	存じる
借りる	お借りになる	拝借する・お借りする
聞く	お聞きになる	拝聴する 拝聞する お伺いする・伺う お聞きする
知る	ご存じ（知っているという意で）	存じ上げる・存じる
する	なさる	いたす
食べる・飲む	召し上がる・お召し上がりになる お飲みになる	いただく・頂戴する
見る	ご覧になる	拝見する
読む	お読みになる	拝読する

「お伺いする」「お召し上がりになる」などは，「伺う」「召し上がる」自体が敬語なので
「二重敬語」ですが，慣習として定着しており間違いではないもの。

Point

　上記の「敬語表」は，よく使うと思われる動詞をそれぞれ尊敬語・謙譲語
で表したもの。このように大体の言葉は型にあてはめることができる。言
葉の中には「お（ご）」が付かないものもあるが，その場合でも「〜なさる」
を使って，「スピーチなさる」や「運営なさる」などと言うことができる。ま
た，表では，「言う」の尊敬語「言われる」の例は省いているが，れる・ら
れる型の「言われる」よりも「おっしゃる」「お話しになる」「お話しなさる」
などの言い方のほうが，より敬意も高く，言葉としても何となく響きが落ち
着くといった印象を受けるものとなる。

会話は相手があってのこと。いかなる場合でも，相手に対する心くばりを忘れないことが，会話をスムーズに進めるためのコツになる。

心くばりを添えるひと言で
言葉の印象が変わる!

　相手に何かを頼んだり，また相手の依頼を断ったり，相手の抗議に対して反論したりする場面では，いきなり自分の意見や用件を切り出すのではなく，場面に合わせて心くばりを伝えるひと言を添えてから本題に移ると，響きがやわらかくなり，こちらの意向も伝えやすくなる。俗にこれは「クッション言葉」と呼ばれている。(右表参照)

Point

　ビジネスの場面で，相手と話したり手紙やメールを送る際には，何か依頼事があってという場合が多いもの。その場合に「ちょっとお願いなんですが…」では，ふだんの会話と変わりがないものになってしまう。そこを「突然のお願いで恐れ入りますが」「急にご無理を申しまして」「こちらの勝手で恐縮に存じますが」「折り入ってお願いしたいことがございまして」などの一言を添えることで，直接的なきつい感じが和らぐだけでなく，「申し訳ないのだけれど，もしもそうしていただくことができればありがたい」という，相手への配慮や願いの気持ちがより強まる。このような前置きの言葉もうまく用いて，言葉に心くばりを添えよう。

相手の意向を尋ねる場合	「よろしければ」「お差し支えなければ」
	「ご都合がよろしければ」「もしお時間がありましたら」
	「もしお嫌いでなければ」「ご興味がおありでしたら」
相手に面倒を かけてしまうような場合	「お手数をおかけしますが」
	「ご面倒をおかけしますが」
	「お手を煩わせまして恐縮ですが」
	「お忙しい時に申し訳ございませんが」
	「お時間を割いていただき申し訳ありませんが」
	「貴重なお時間を頂戴し恐縮ですが」
自分の都合を 述べるような場合	「こちらの勝手で恐縮ですが」
	「こちらの都合（ばかり）で申し訳ないのですが」
	「私どもの都合ばかりを申しまして，まことに申し訳なく存じますが」
	「ご無理を申し上げまして恐縮ですが」
急な話をもちかけた場合	「突然のお願いで恐れ入りますが」
	「急にご無理を申しまして」
	「もっと早くにご相談申し上げるべきところでございましたが」
	「差し迫ってのことでまことに申し訳ございませんが」
何度もお願いする場合	「たびたびお手数をおかけしまして恐縮に存じますが」
	「重ね重ね恐縮に存じますが」
	「何度もお手を煩わせまして申し訳ございませんが」
	「ご面倒をおかけしてばかりで，まことに申し訳ございませんが」
難しいお願いをする場合	「ご無理を承知でお願いしたいのですが」
	「たいへん申し上げにくいのですが」
	「折り入ってお願いしたいことがございまして」
あまり親しくない相手に お願いする場合	「ぶしつけなお願いで恐縮ですが」
	「ぶしつけながら」
	「まことに厚かましいお願いでございますが」
相手の提案・誘いを断る場合	「申し訳ございませんが」
	「（まことに）残念ながら」
	「せっかくのご依頼ではございますが」
	「たいへん恐縮ですが」
	「身に余るお言葉ですが」
	「まことに失礼とは存じますが」
	「たいへん心苦しいのですが」
	「お引き受けしたいのはやまやまですが」
問い合わせの場合	「つかぬことをうかがいますが」
	「突然のお尋ねで恐縮ですが」

ここでは文章の書き方における，一般的な敬称について言及している。はがき，手紙，メール等，通信手段はさまざま。それぞれの特性をふまえて有効活用しよう。

相手の気持ちになって
見やすく美しく書こう

■敬称のいろいろ

敬称	使う場面	例
様	職名・役職のない個人	（例）飯田知子様／ご担当者様／経理部長　佐藤一夫様
殿	職名・組織名・役職のある個人（公用文など）	（例）人事部長殿／教育委員会殿／田中四郎殿
先生	職名・役職のない個人	（例）松井裕子先生
御中	企業・団体・官公庁などの組織	（例）○○株式会社御中
各位	複数あてに同一文書を出すとき	（例）お客様各位／会員各位

Point

　封筒・はがきの表書き・裏書きは縦書きが基本だが，洋封筒で親しい人にあてる場合は，横書きでも問題ない。いずれにせよ，定まった位置に，丁寧な文字でバランス良く，正確に記すことが大切。特に相手の住所や名前を乱雑な文字で書くのは，配達の際の間違いを引き起こすだけでなく，受け取る側に不快な思いをさせる。相手の気持ちになって，見やすく美しく書くよう心がけよう。

■各通信手段の長所と短所

	長所	短所	用途
封書	・封を開けなければ本人以外の目に触れることがない。 ・丁寧な印象を受ける。	・多量の資料・画像送付には不向き。 ・相手に届くまで時間がかかる。	・儀礼的な文書(礼状・わび状など) ・目上の人あての文書 ・重要な書類 ・他人に内容を読まれたくない文書
はがき・カード	・封書よりも気軽にやり取りできる。 ・年賀状や季節の便り,旅先からの連絡など絵はがきとしても楽しむことができる。	・封に入っていないため,第三者の目に触れることがある。 ・中身が見えるので,改まった礼状やわび状,こみ入った内容には不向き。 ・相手に届くまで時間がかかる。	・通知状　　・案内状 ・送り状　　・旅先からの便り ・各種お祝い　・お礼 ・季節の挨拶
FAX	・手書きの図やイラストを文章といっしょに送れる。 ・すぐに届く。 ・控えが手元に残る。	・多量の資料の送付には不向き。 ・事務的な用途で使われることが多く,改まった内容の文書,初対面の人へは不向き。	・地図,イラストの入った文書 ・印刷物(本・雑誌など)
電話	・急ぎの連絡に便利。 ・相手の反応をすぐに確認できる。 ・直接声が聞けるので,安心感がある。	・連絡できる時間帯が制限される。 ・長々としたこみ入った内容は伝えづらい。	・緊急の用件 ・確実に用件を伝えたいとき
メール	・瞬時に届く。　・控えが残る。 ・コストが安い。 ・大容量の資料や画像をデータで送ることができる。 ・一度に大勢の人に送ることができる。 ・相手の居場所や状況を気にせず送れる。	・事務的な印象を与えるので,改まった礼状やわび状には不向き。 ・パソコンや携帯電話を持っていない人には送れない。 ・ウィルスなどへの対応が必要。	・データで送りたいとき ・ビジネス上の連絡

Point

　はがきは手軽で便利だが,おわびやお願い,格式を重んじる手紙には不向きとなる。この種の手紙は内容もこみ入ったものとなり,加えて丁寧な文章で書かなければならないので,数行で済むことはまず考えられない。また,封筒に入っていないため,他人の目に触れるという難点もある。このように,はがきにも長所と短所があるため,使う場面や相手によって,他の通信手段と使い分けることが必要となる。

　はがき以外にも,封書・電話・FAX・メールなど,現代ではさまざまな通信手段がある。上に示したように,それぞれ長所と短所があるので,特徴を知って用途によって上手に使い分けよう。

　社会人のマナーとして，電話応対のスキルは必要不可欠。まずは失礼なく電話に出ることからはじめよう。積極性が重要だ。

相手の顔が見えない分
対応には細心の注意を

■電話をかける場合

①　○○先生に電話をする

×「私，□□社の××と言いますが，○○様はおられますでしょうか？」

○「××と申しますが，○○様はいらっしゃいますか？」

　「おられますか」は「おる」を謙譲語として使うため，通常は相手がいるかどうかに関しては，「いらっしゃる」を使うのが一般的。

②　相手の状況を確かめる

×「こんにちは，××です，先日のですね…」

○「××です，先日は有り難うございました，今お時間よろしいでしょうか？」

　相手が忙しくないかどうか，状況を聞いてから話を始めるのがマナー。また，やむを得ず夜間や早朝，休日などに電話をかける際は，「夜分（朝早く）に申し訳ございません」「お休みのところ恐れ入ります」などのお詫びの言葉もひと言添えて話す。

③　相手が不在，何時ごろ戻るかを聞く場合

×「戻りは何時ごろですか？」

○「何時ごろお戻りになりますでしょうか？」

　「戻り」はそのままの言い方，相手にはきちんと尊敬語を使う。

④　また自分からかけることを伝える

×「そうですか，ではまたかけますので」

○「それではまた後ほど（改めて）お電話させていただきます」

　戻る時間がわかる場合は，「またお戻りになりましたころにでも」「また午後にでも」などの表現もできる。

■電話を受ける場合

① 電話を取ったら

> × 「はい，もしもし，○○（社名）ですが」
> ○ 「はい，○○（社名）でございます」

② 相手の名前を聞いて

> × 「どうも，どうも」
> ○ 「いつもお世話になっております」

あいさつ言葉として定着している決まり文句ではあるが，日頃のお付き合いがあってこそ。あいさつ言葉もきちんと述べよう。「お世話様」という言葉も時折耳にするが，敬意が軽い言い方となる。適切な言葉を使い分けよう。

③ 相手が名乗らない

> × 「どなたですか？」「どちらさまですか？」
> ○ 「失礼ですが，お名前をうかがってもよろしいでしょうか？」

名乗るのが基本だが，尋ねる態度も失礼にならないように適切な応対を心がけよう。

④ 電話番号や住所を教えてほしいと言われた場合

> × 「はい，いいでしょうか？」　　× 「メモのご用意は？」
> ○ 「はい，申し上げます，よろしいでしょうか？」

「メモのご用意は？」は，一見親切なようにも聞こえるが，尋ねる相手も用意していることがほとんど。押し付けがましくならない程度に。

⑤ 上司への取次を頼まれた場合

> × 「はい，今代わります」　　× 「○○部長ですね，お待ちください」
> ○ 「部長の○○でございますね，ただいま代わりますので，少々お待ちくださいませ」

○○部長という表現は，相手側の言い方となる。自分側を述べる場合は，「部長の○○」「○○」が適切。

Point

自分から電話をかける場合は，まずは自分の会社名や氏名を名乗るのがマナー。たとえ目的の相手が直接出た場合でも，電話では相手の様子が見えないことがほとんど。自分の勝手な判断で話し始めるのではなく，相手の都合を伺い，そのうえで話を始めるのが社会人として必要な気配りとなる。

デキるオトナをアピール

時候の挨拶

月	漢語調の表現 候，みぎりなどを付けて用いられます	口語調の表現
1月 (睦月)	初春・新春　頌春・小寒・大寒・厳寒	皆様におかれましては，よき初春をお迎えのことと存じます／厳しい寒さが続いております／珍しく暖かな寒の入りとなりました／大寒という言葉通りの厳しい寒さでございます
2月 (如月)	春寒・余寒・残寒・立春・梅花・向春	立春とは名ばかりの寒さ厳しい毎日でございます／梅の花もちらほらとふくらみ始め，春の訪れを感じる今日この頃です／春の訪れが待ち遠しいのごろでございます
3月 (弥生)	早春・浅春・春寒・春分・春暖	寒さもようやくゆるみ，日ましに春めいてまいりました／ひと雨ごとに春めいてまいりました／日増しに暖かさが加わってまいりました
4月 (卯月)	春暖・陽春・桜花・桜花爛漫	桜花爛漫の季節を迎えました／春光うららかな好季節となりました／花冷えとでも申しましょうか，何だか肌寒い日が続いております
5月 (皐月)	新緑・薫風・惜春・晩春・立夏・若葉	風薫るさわやかな季節を迎えました／木々の緑が目にまぶしいようでございます／目に青葉，山ほととぎす，初鰹の句も思い出される季節となりました
6月 (水無月)	梅雨・向暑・初夏・薄暑・麦秋	初夏の風もさわやかな毎日でございます／梅雨前線が近づいてまいりました／梅雨の晴れ間にのぞく青空は，まさに夏を思わせるようです
7月 (文月)	盛夏・大暑・炎暑・酷暑・猛暑	梅雨が明けたとたん，うだるような暑さが続いております／長い梅雨も明け，いよいよ本格的な夏がやってまいりました／風鈴の音がわずかに涼を運んでくれているようです
8月 (葉月)	残暑・晩夏・処暑・秋暑	立秋とはほんとうに名ばかりの厳しい暑さの毎日です／残暑たえがたい毎日でございます／朝夕はいくらかしのぎやすくなってまいりました
9月 (長月)	初秋・新秋・爽秋・新涼・清涼	九月に入りましてもなお，日差しの強い毎日です／暑さもやっとおとろえはじめたようでございます／残暑も去り，ずいぶんとしのぎやすくなってまいりました
10月 (神無月)	清秋・錦秋・秋涼・秋冷・寒露	秋風もさわやかな過ごしやすい季節となりました／街路樹の葉も日ごとに色を増しております／紅葉の便りの聞かれるころとなりました／秋深く，日増しに冷気も加わってまいりました
11月 (霜月)	晩秋・暮秋・霜降・初霜・向寒	立冬を迎え，まさに冬来来を感じる寒さです／木枯らしの季節になりました／日ごとに冷気が増すようでございます／朝夕はひときわ冷え込むようになりました
12月 (師走)	寒冷・初冬・師走・歳晩	師走を迎え，何かと慌ただしい日々をお過ごしのことと存じます／年の瀬も押しつまり，何かとお忙しくお過ごしのことと存じます／今年も残すところわずかとなりました，お忙しい毎日とお察しいたします

いますぐデキる
シチュエーション別会話例

シチュエーション1　取引先との会話

「非常に素晴らしいお話で感心しました」→NG！

　「感心する」は相手の立派な行為や，優れた技量などに心を動かされるという意味。意味としては間違いではないが，目上の人に用いると，偉そうに聞こえかねない表現。「感動しました」などに言い換えるほうが好ましい。

シチュエーション2　子どもとの会話

「お母さんは，明日はいますか？」→NG！

　たとえ子どもとの会話でも，子どもの年齢によっては，ある程度の敬語を使うほうが好ましい。「明日はいらっしゃいますか」では，むずかしすぎると感じるならば，「お出かけですか」などと表現することもできる。

シチュエーション3　同僚との会話

「今，お暇ですか」→NG？

　同じ立場同士なので，暇に「お」が付いた形で「お暇」ぐらいでも構わないともいえるが，「暇」というのは，するべきことも何もない時間という意味。そのため「お暇ですか」では，あまりにも直接的になってしまう。その意味では「手が空いている」→「空いていらっしゃる」→「お手透き」などに言い換えることで，やわらかく敬意も含んだ表現になる。

シチュエーション4　上司との会話

「なるほどですね」→NG！

　「なるほど」とは，相手の言葉を受けて，自分も同意見であることを表すため，相手の言葉・意見を自分が評価するというニュアンスも含まれている。そのため自分が評価して述べているという偉そうな表現にもなりかねない。同じ同意ならば，頷き「おっしゃる通りです」などの言葉のほうが誤解なく伝わる。

就活スケジュールシート

■年間スケジュールシート

1月	2月	3月	4月	5月	6月
企業関連スケジュール					
自己の行動計画					

就職活動をすすめるうえで，当然重要になってくるのは，自己のスケジュール管理だ。企業の選考スケジュールを把握することも大切だが，自分のペースで進めることになる自己分析や業界・企業研究，面接試験のトレーニング等の計画を立てることも忘れてはいけない。スケジュールシートに「記入」する作業を通して，短期・長期の両方の面から就職試験を考えるきっかけにしよう。

7月	8月	9月	10月	11月	12月
企業関連スケジュール					
自己の行動計画					

● 情 報 提 供 の お 願 い ●

　就職活動研究会では，就職活動に関する情報を募集していま
す。

　エントリーシートやグループディスカッション，面接，筆記
試験の内容等について情報をお寄せください。ご応募はメール
アドレス（edit@kyodo-s.jp）へお願いいたします。お送りくださ
いました方々には薄謝をさしあげます。

　ご協力よろしくお願いいたします。

会社別就活ハンドブックシリーズ

三井住友銀行の
就活ハンドブック

編　者　就職活動研究会

発　行　令和 6 年 2 月 25 日

発行者　小貫輝雄

発行所　協同出版株式会社

〒 101 - 0054
東京都千代田区神田錦町2 - 5
電話　03 - 3295 - 1341
振替　東京00190 - 4 - 94061

印刷所　協同出版・POD 工場

落丁・乱丁はお取り替えいたします

●2025年度版●
会社別就活ハンドブックシリーズ
【全111点】

運　輸

東日本旅客鉄道の就活ハンドブック	小田急電鉄の就活ハンドブック
東海旅客鉄道の就活ハンドブック	阪急阪神 HD の就活ハンドブック
西日本旅客鉄道の就活ハンドブック	商船三井の就活ハンドブック
東京地下鉄の就活ハンドブック	日本郵船の就活ハンドブック

機　械

三菱重工業の就活ハンドブック	浜松ホトニクスの就活ハンドブック
川崎重工業の就活ハンドブック	村田製作所の就活ハンドブック
IHI の就活ハンドブック	クボタの就活ハンドブック
島津製作所の就活ハンドブック	

金　融

三菱 UFJ 銀行の就活ハンドブック	野村證券の就活ハンドブック
三菱 UFJ 信託銀行の就活ハンドブック	りそなグループの就活ハンドブック
みずほ FG の就活ハンドブック	ふくおか FG の就活ハンドブック
三井住友銀行の就活ハンドブック	日本政策投資銀行の就活ハンドブック
三井住友信託銀行の就活ハンドブック	

建設・不動産

三菱地所の就活ハンドブック	鹿島建設の就活ハンドブック
三井不動産の就活ハンドブック	大成建設の就活ハンドブック
積水ハウスの就活ハンドブック	清水建設の就活ハンドブック
大和ハウス工業の就活ハンドブック	

資源・素材

旭旭化成グループの就活ハンドブック	関西電力の就活ハンドブック
東レの就活ハンドブック	日本製鉄の就活ハンドブック
ワコールの就活ハンドブック	中部電力の就活ハンドブック

九州電力の就活ハンドブック

自動車

トヨタ自動車の就活ハンドブック　　デンソーの就活ハンドブック

本田技研工業の就活ハンドブック　　日産自動車の就活ハンドブック

商　社

三菱商事の就活ハンドブック　　　　伊藤忠商事の就活ハンドブック

住友商事の就活ハンドブック　　　　双日の就活ハンドブック

丸紅の就活ハンドブック　　　　　　豊田通商の就活ハンドブック

三井物産の就活ハンドブック

情報通信・IT

NTT データの就活ハンドブック　　　サイバーエージェントの就活ハンドブック

NTT ドコモの就活ハンドブック　　　LINE ヤフーの就活ハンドブック

野村総合研究所の就活ハンドブック　SCSK の就活ハンドブック

日本電信電話の就活ハンドブック　　富士ソフトの就活ハンドブック

KDDI の就活ハンドブック　　　　　日本オラクルの就活ハンドブック

ソフトバンクの就活ハンドブック　　GMO インターネットグループ

楽天の就活ハンドブック　　　　　　オービックの就活ハンドブック

mixi の就活ハンドブック　　　　　DTS の就活ハンドブック

グリーの就活ハンドブック　　　　　TIS の就活ハンドブック

食品・飲料

サントリー HD の就活ハンドブック　日本たばこ産業 の就活ハンドブック

味の素の就活ハンドブック　　　　　日清食品グループの就活ハンドブック

キリン HD の就活ハンドブック　　　山崎製パンの就活ハンドブック

アサヒグループ HD の就活ハンドブック　キユーピーの就活ハンドブック

生活用品

資生堂の就活ハンドブック　　　　　武田薬品工業の就活ハンドブック

花王の就活ハンドブック

電気機器

三菱電機の就活ハンドブック	パナソニックの就活ハンドブック
ダイキン工業の就活ハンドブック	富士通の就活ハンドブック
ソニーの就活ハンドブック	キヤノンの就活ハンドブック
日立製作所の就活ハンドブック	京セラの就活ハンドブック
ＮＥＣの就活ハンドブック	オムロンの就活ハンドブック
富士フイルム HD の就活ハンドブック	キーエンスの就活ハンドブック

保　険

東京海上日動火災保険の就活ハンドブック	三井住友海上火災保険の就活ハンドブック
第一生命ホールディングスの就活ハンドブック	損保ジャパンの就活ハンドブック

メディア

日本印刷の就活ハンドブック	エイベックスの就活ハンドブック
博報堂 DY の就活ハンドブック	東宝の就活ハンドブック
TOPPAN ホールディングスの就活ハンドブック	

流通・小売

ニトリ HD の就活ハンドブック	ZOZO の就活ハンドブック
イオンの就活ハンドブック	

エンタメ・レジャー

オリエンタルランドの就活ハンドブック	任天堂の就活ハンドブック
アシックスの就活ハンドブック	カプコンの就活ハンドブック
バンダイナムコ HD の就活ハンドブック	セガサミー HD の就活ハンドブック
コナミグループの就活ハンドブック	タカラトミーの就活ハンドブック
スクウェア・エニックス HD の就活ハンドブック	

▼会社別就活ハンドブックシリーズにつきましては，協同出版のホームページからもご注文ができます。詳細は下記のサイトでご確認下さい。

https://kyodo-s.jp/examination_company